U0933235

POSITIVE DISCIPLINE

正面管教

昭军　编著

吉林文史出版社
JILINWENSHICHUBANSHE

图书在版编目(CIP)数据

正面管教 / 昭军编著 . -- 长春：吉林文史出版社，2019.6(2021.3 重印)

ISBN 978-7-5472-6125-5

Ⅰ. ①正… Ⅱ. ①昭… Ⅲ. ①儿童教育－家庭教育 Ⅳ. ① G782

中国版本图书馆 CIP 数据核字(2019)第 079400 号

ZHENGMIAN GUANJIAO

书　　名　正面管教

编　　著　昭　军
责任编辑　高冰若
封面设计　尚世视觉
出版发行　吉林文史出版社
地　　址　长春市福祉大路出版集团 A 座　　邮编：130118
网　　址　www.jlws.com.cn
印　　刷　晟德(天津)印刷有限公司
开　　本　880mm × 1230mm　1/32
印　　张　8
字　　数　160 千
版　　次　2019 年 6 月第 1 版　2021 年 3 月第 5 次印刷
书　　号　ISBN 978-7-5472-6125-5
定　　价　35.00 元

PREFACE
前 言

管教孩子是一个永恒的话题。对于如何管教孩子，很多时候，在父母们的眼中无非有两种方式：一是严厉管教，二是开放式管教。传统的教育方式大都很严厉，甚至至今很多父母都奉行“棍棒式教育”。但是随着生活水平的提高，教育的方式也随之发生改变。现如今，大多数孩子为独生子女，加上隔代人的骄纵，让父母舍不得打骂，于是又多了一个开放式的骄纵教育，父母事事顺着孩子，一味地骄纵孩子。

不过，无论是哪一种教育方式，都存在教育缺失。“棍棒式教育”虽然制止了孩子的一些不良行为，但是也遏制了孩子的天性，长期的惩罚会让孩子变得胆小、怯弱、自卑、没有主见。甚至，在“棍棒式教育”下，孩子会走向极端发展，变得愤恨或者报复父母。放纵式教育则容易造就长不大的孩子，这样的孩子容易事事依赖父母，变得任性不讲理，最终势必会在未来遭受磨难。

教育孩子，需要“正面管教”，正面管教就是要不惩罚不骄纵，学会和孩子正面沟通。作为心灵的桥梁，沟通是双方互相了解的渠道。父母要学会和孩子沟通，要做一个真正走进孩子内心世界的人，只有这样才能成为孩子的良师益友。

在管教孩子的过程中，势必会出现纠结，不管是严厉还是温柔，适度把握即可。不能过分骄纵孩子，也不能溺爱孩子，唯有找到更好的方法才能让孩子更好地成长。一边是爱孩子，一边是教会孩子守规矩，只有双管齐下，才能让孩子更好地成长。

孩子在成长中，会逐渐有自己的想法，当孩子开始坚持一些事情时，说明孩子已经开始意识到自身尊严的重要性。父母在生活中，要小心呵护孩子的自尊心。当孩子的自尊心得到呵护时，孩子才能更加健康地成长。

在教育孩子的过程中，要注重对孩子的合群教育，教育孩子不是只在家庭中进行就可以，孩子终究是要走向社会，在社会中，孩子需要接触到更多的人，只有真正合群的孩子才能在未来走得更加顺畅。所以，孩子可以有自己的个性，但是却不能离群。

父母是孩子的第一任老师，管教孩子不能忽视榜样的力量，对于孩子来说，父母的言行是其学习和效仿的对象，因此，管教孩子，需要父母谨言慎行，用榜样的力量对其进行言传身教。正面管教不仅是对父母的要求，更是对学校、社会的要求，只有在多方共同努力下，孩子才能一步一个脚印地走向属于自己的人生。

《正面管教》是一种力量，是区别于打骂和骄纵方式的方法，只有实现和孩子的有效沟通，才能更好地管教好孩子。当孩子学会在父母的教育下去完善自己，知道自己前进的方向和目标时，孩子才会越来越优秀，才会在未来大放异彩。

CONTENTS
目　录

LOGICAL PERSUASION

第一章

不惩罚不吼叫，与孩子正面沟通

和孩子沟通时要多采取正面沟通的方式，虽然惩罚和吼叫在所难免，但却可以控制，作为父母，要看到惩罚和吼叫的坏处。孩子的心灵是脆弱的，当孩子所接触的环境只有吼叫和惩罚时，孩子的性格势必会出现问题。教育孩子，不是依靠惩罚和吼叫，更多是心与心的沟通。

沟通之前，先做孩子的朋友

父母和孩子沟通前，要先做孩子的朋友。如朋友之间相互分享是父母走进孩子内心世界的一条捷径，当我们向孩子分享好的东西时，孩子也能把自己的东西分享出来。父母只有走进孩子的心底，才能知道孩子的内心想法，和孩子完成正确的沟通。

孩子的内心世界就像是一个藏宝盒，里面藏着各种各样的想法和念头。当孩子在做一件事情的时候，会根据自己的想法来进行判断，不管最后做出怎样的选择，都是孩子自己的意愿。虽然每个父母都渴望知道孩子的内心想法，但想要了解孩子的感受，必须要通过沟通来实现，沟通是孩子和父母之间心灵的桥梁。

先和孩子做朋友

想要跨过心灵之桥是不容易的，很多情况下，当父母和孩子沟通时，孩子会用三言两语进行打发，或者父母被孩子的话噎得哑口无言。这个时候父母会怪孩子不懂事，而孩子则怪父母不够理解他。

想要拥有良好的沟通，首先要和孩子做朋友，如此一来，孩子也就愿意和父母谈心，因代沟而产生的沟通障碍也会消失。当父母以朋友间的方式和孩子沟通时，父母和孩子都将会意识到，原来沟通也是一件非常幸福的事情。父母和孩子在沟通的过程中，都会找到自己想要的东西。

小东的妈妈对小东很严格，小东的爸爸则认为要给孩子成长的空间，不能对孩子要求得太严格。所以小东对爸爸更为亲近，也更愿意对爸爸说些心里话。最近，爸爸妈妈发现小东有心事，因为小东每天放学回家后就把自己关在屋子里，既不出去玩儿，也不像往常那样与爸爸亲近。

妈妈想要让爸爸去问问情况，爸爸却认为这个时候正是妈妈和小东沟通的好机会，于是妈妈来到了小东的卧室。妈妈没有像平常一样绷着脸，而是温和地说道："妈妈平时对你要求有点严格，你还喜欢妈妈吗？"小东迟疑了一下，点了点头。妈妈继续追问："那小东愿意跟妈妈做朋友吗？"小东饶有兴致地点了点头。

于是妈妈对小东说道："朋友之间是要分享小秘密的，妈妈告诉小东一个小秘密。今天上班的时候，妈妈不小心摔了一跤，把早餐撒了一地。好多叔叔阿姨都看着妈妈，当时特别丢人。这件事情你不要告诉爸爸，这是我们的小秘密。"小东认真地点了点头，然后对着妈妈说："妈妈，我也告诉你一个小秘密。这几天小梅一直不理我，因为我在她的课本上画了一个鬼脸，吓了她一跳，而且那是她心爱的课本。"妈妈终于知道了小东的秘密，然后告诉小东应该如何做，小东很是高兴。第二天放学回来，小东开心地告诉妈妈，小梅原谅了他。

案例分析：

小东的妈妈在适当的时候和小东进行交流，然后成功地成了小东的朋友，在这样的情形下，小东能够和妈妈互相沟通。当小东和妈妈的关系趋于平等时，相互之间也就能说一些心里话。小东在和妈妈交流的过程中，建立起了友好的关系，最终促进亲子关系的良好发展。

父母和孩子做朋友，改变了亲子之间的沟通方式，当父母以“朋友”自居，才能够使孩子更好地和父母接触。父母真诚地和孩子交朋友，可以让孩子放下心里的戒备和顾忌，敞开自己的心扉，如果孩子把父母当作朋友，他也很乐意把心里话说给父母听，这样父母就能及时了解孩子的想法，把握他的心理，从而理解和帮助他。

和孩子友善沟通

在和孩子沟通的过程中，父母要持有温和的态度，当双方能够友好地沟通时，孩子就能把心里的话说出来，这对于父母来说是十分重要的。父母要理解孩子的想法，要和孩子友善沟通，把自己当成孩子，以他们的心理来理解他们的心情。

淘淘的妈妈对淘淘的管教很是严格，不管是在家里还是在外面，都严格监督淘淘的一举一动。做错事情，立马纠正，很多时候，让淘淘感到很难堪。每次有心事时，淘淘也不会和妈妈沟通，因为淘淘对于妈妈很是畏惧。加上淘淘在妈妈的管教下，渐渐变得有些谨慎，更不愿意和妈妈或者其他人来分享自己的心事。有一次，淘淘回家后，妈妈发现淘淘红着眼睛，感觉到不对劲儿的妈妈走进了淘淘的房间。淘淘看见妈妈进来，赶紧把书包收了起来。妈妈这才意识到，自己平日对孩子过分严格，从来没有友善地和孩子沟通过，导致孩子不愿意和自己说心里话。

这时，妈妈轻轻地坐在淘淘的身边，把淘淘拉到怀里，对淘淘说：“淘淘，你要知道，妈妈永远都是爱你的。有任何事情都可以告诉妈妈，妈妈会替你保密，而且会给淘淘想办法解决。”淘淘这才小心翼翼地说道：“妈妈不会怪我的对不对？”妈妈点了点头。淘淘才把事情说了出来，原来淘淘在学校的时候把新买的钢笔弄坏了。淘淘把钢笔放在桌子旁边，下课的时候，同学们拥挤，不知道谁碰掉了。淘淘以为妈妈会责怪他，所以一直不敢说。淘淘妈妈在知道事情原委后，紧紧地抱住淘淘，并且答应会给他买一只新的。

案例分析：

淘淘妈妈改变了原先和淘淘的交流方式，这才让淘淘说出了心里话。友善地沟通让淘淘愿意和妈妈说话，也让妈妈走进了淘淘的心里。

父母在和孩子友善沟通的时候，能感觉到孩子的感受，当父母和孩子友善沟通之后，父母和孩子的心灵交流也会变得更加顺畅。走进孩子的心里，首先要和孩子友善沟通，孩子的心情需要更好的理解，成为朋友，更要成为友善的朋友。

孩子的世界其实很好走进

很多父母都会担心，无法走进孩子的内心世界，事实上，孩子的世界很好走进。因为他们没有很多顾忌，只要父母理解他们的心情，就能走进他们的心里。不管遇到怎样的事情，他们都愿意和父母分享。

正面管教

父母和孩子沟通是生活中必不可少的事情，在沟通中双方才能了解彼此的想法，在这个过程中，父母能够知道孩子内心的想法，而孩子也能够明白父母的苦心。父母成为孩子的朋友，才是最好的沟通方式，只有像朋友之间平等地交流，才会让孩子把心里话说出来。

放下家长架子，和孩子平等交流

和孩子的交流要建立在平等的基础上，父母想要教育孩子，首先要尊重孩子、了解孩子、与孩子平等交流。只有把对孩子的教育转化为“春风细雨”时，才能够得到孩子的正面回应。孩子作为一个独立的人，父母要尊重他们，更要学会平等交流的方法。

在日常生活中，很多父母会发现，在和孩子沟通的过程中，很难做到平等交流这一点，尤其是面对调皮的男孩子。很多时候父母在教育孩子时，都会发号施令，或者大吼大叫，以此“镇压”孩子。

放下父母的高姿态

只有父母放下自身的高姿态，才能实现和孩子平等交流的可能性。父母也是从孩子一步步成长过来的，曾经也感受到过来自家里大人的权威。也许身为父母，会觉得自己是家里的权威，摆架子是应当的，于是常常以居高临下的姿态命令孩子去做什么，不做什么。随着时间的推移，这种不平等的交流只会让父母的权威荡然无存，让父母和孩子之间产生隔阂。

斌斌是小学生，但是身为男孩子，难免会贪玩儿一些，在学校也不是很认真学习，放学后写作业也是马马虎虎，只要能够完成任务，从来不管作业的质量。有一次，老师因为作业的问题批评了斌斌，斌斌有些闷闷不乐。当天吃完晚饭，爸爸把斌斌叫到跟前，让斌斌站在对面，命令道：“来，给爸爸说说你最近在学校的情况。”妈妈这时也过来说："儿子，给妈妈汇报一下。"说完，两个人就坐在沙发上等着斌斌汇报自己的学习情况。斌斌看着两个人完全是一种高高在上的口气和做派，心中不禁有些紧张。想着今天挨批评的事情一定不能让他们知道，不然又是一顿训。于是，斌斌撒谎说自己在学校表现得很好，还得到了老师的表扬。

没过几天，爸爸接到了斌斌班主任的电话，说斌斌学习不认真，还经常抄作业。爸爸一脸纳闷儿，难道是斌斌说了谎？等到斌斌回来时，爸爸对着斌斌一顿数落，斌斌承认了自己的错误，爸爸依旧很气愤，对着斌斌一顿训斥，最后抛下一句："今天好好写作业，作业写不完不许吃饭。"

爸爸以为斌斌就此能改正错误，可是后来爸爸发现，斌斌总是把自己的命令当耳旁风，而且脾气也很是执拗，犯了错误也不改正，有时候还会顶撞自己。爸爸不知道斌斌为什么会变成这样，很是苦恼。

案例分析：

因为斌斌在爸爸妈妈面前没有平等对话的机会，总是被动地接受爸爸的命令。斌斌和爸爸之间没有一个友善的沟通机会，加上彼此之间的不平等，导致了他们互相不理解，爸爸认为斌斌学习不认真，而斌斌则认为爸爸根本不考虑自己的想法。最后导致了父子之间关系的疏远，而爸爸也很难走进斌斌的内心世界。

当父母和孩子之间没有平等交流的机会时，孩子在父母面前会表现出畏缩，不敢说出自己的内心想法。在这样的情况下，孩子可能会撒谎，甚至会出现顶撞父母的现象。孩子是有思想的独立个体，这是不能忽视的。

孩子需要平等交流

当孩子出现问题的时候，父母需要放下自己的架子，和孩子真诚地、平等地沟通，这样才能真正地走进孩子的内心。父母想要发现孩子的问题，想要帮助孩子及时改正，就必须要做到尊重孩子，并且要和孩子平等交流。

给予孩子尊重，就要在日常的生活中，和孩子平等、民主地交流，而不是独断专行。孩子在人格上和父母是平等的，所以应当受到尊重，父母把孩子当成一个独立的个体，尊重孩子的隐私和秘密。父母在和孩子平等交流的过程中，会让孩子感受到一种成人的满足感，获得和成人一样的自尊和发言权，这样有利于孩子心智的成熟。因此，父母在和孩子交流时，要保持平等的姿态。

弗兰克是美国的一个自由职业者，他在教育孩子方面下了很多功夫。弗兰克一直努力为孩子提供一种民主的家庭氛围，他和孩子的关系就像朋友一样友好亲密。作为父亲，他把孩子所写的作文保留下来，把孩子们的学习成绩、身高等按照逐年变化绘制成曲线图。当孩子很小的时候，他就教他们唱歌、游泳、划船、钓鱼，带孩子去博物馆参观、看展览、看歌剧，有空还带他们到大自然中去呼吸新鲜空气。在各种活动中，他告诉孩子："我们是父子，也是朋友，我和妈妈有义务培养教育你们，也应该得到你们的帮助，等你们长大了，会发现我们也有很多的不足之处，可能我们会有很多地方不如你们，这是正常的。因此，我们要像朋友一样互相谅解，互相帮助。"

案例分析：

弗兰克和孩子的相处是平等的，不管任何事情都会和孩子沟通，在这个过程中孩子能够体会来自弗兰克的心意，而弗兰克也能很好地把孩子带入到日常的生活中。

父母要学会平等地对待孩子，和孩子相处，不是父母下达命令，孩子就必须要做，互相之间要明白对方的想法。父母要让孩子明白自己为何想要他这样做，当然，父母也要考虑到孩子的心思，考虑到孩子是否想这样做。

父母和孩子是相互成全的

父母和孩子之间不应是统治和被统治的关系，而应像朋友一样平等、自由。当然，这并不意味着父母完全要迁就孩子，父母在教育孩子的过程中，要负起引导孩子的责任。对于孩子来说，需要体谅父母的苦心。相互体谅，共同成长，这才是亲子关系的最好模式。

正面管教

父母放下高姿态和架子，去考虑孩子的心思，才能体会到孩子的内心想法，才能实现和孩子的沟通。父母和孩子平等交流时，孩子才愿意向父母打开心门。和孩子的沟通是必要的，而平等的沟通才是真正必要的。

沟通的障碍在于先入为主

父母想要和孩子实现真正的沟通，就不能有先入为主的观念。父母总是觉得自己是最了解孩子的人，但是实际上在和孩子沟通的过程中，父母会发现无法做到和孩子进行有效的沟通。很多时候，父母和孩子沟通之前，自身已经对孩子下了定论，这样一来，沟通就存在很大问题。

当孩子犯错时，父母一定要和孩子保持良好的沟通，我们不但要知道孩子犯错的原因，更要帮助孩子改正。当孩子犯错误时，往往父母已经有了自己的判断，觉得孩子哪里做错了，需要改正，然后直接给孩子下命令。

先入为主的思想很可怕

父母面对孩子时，要先了解自己的想法，当自己的想法先入为主的时候，就要告诉自己要平等地对待孩子。孩子作为一个独立的个体，拥有自己的想法，父母要相信孩子在每一天都会拥有新的人生，这是父母对孩子最好的期盼。

阳阳上小学，正是贪玩的年纪，放了学总是先出去玩耍。妈妈给阳阳定了规矩，每天必须写完作业才能出去玩儿。一天晚饭后，妈妈来催促阳阳写作业，阳阳对妈妈说自己有些不舒服，想要休息一下。没有想到妈妈生气地说："不舒服？得了吧你，我还不知道你那点儿小心思，我看你就是不爱学习，想出去玩儿。今天不把你那几道题写完，休想偷偷溜出去。”

阳阳觉得自己很是委屈，躺在床上又哭又闹，索性不做作业。妈妈觉得阳阳是在偷懒，于是训斥了他一顿。第二天，阳阳和妈妈赌气，躺在床上不愿意起来，等到妈妈来叫起床的时候，阳阳干脆说自己不去学校了。妈妈觉得阳阳实在是太不听话了，十分生气，于是便动手打了他几下，然后直接把阳阳拉了起来，送去了学校。自此以后，阳阳就很少和妈妈说话了。

案例分析：

阳阳妈妈这样先入为主的观念明显是不对的，因为之前阳阳的行为让阳阳妈妈下了定论，在妈妈看来，阳阳总是偷懒耍滑。因为有了这样的想法，导致阳阳身体真的不舒服时，也没有得到妈妈的安慰，母子之间的关系逐渐变得疏远。

很多时候，父母先入为主地对孩子下了定论，把之前的一些行为直接概括在孩子身上。不肯相信孩子的话，很多时候是父母的通病。孩子有时候也许会贪玩，但父母的不尊重和不理解以及总是先入为主地做出判断，殊不知这样的行为会给孩子的心灵造成很大的伤害。

孩子需要真正的沟通

父母和孩子沟通的过程中，要尽量减少自己先入为主的想法。成长过程中的孩子需要爱和理解，需要父母的信任和尊重。因此在与孩子沟通时，父母一定要放弃先入为主的想法和孩子进行真正的沟通。孩子的世界是单纯的，他们也许在某一刻是会让你烦心，但是很多时候孩子们是不断成长的，他们的思想也会随着时间的推移而不断成熟。

芳芳一放学就回到了家，因为今天是期中考试成绩公布的时间，芳芳很是开心。芳芳这一次的成绩在班级中前进了好几名，而且比上次进步很多。她满心欢喜地刚进门，就看见爸爸在沙发上坐着，一脸严肃。芳芳还没有开口，爸爸就对芳芳说道："又考成了什么样子，我可听说隔壁的小彤考了班上的第五名。你什么时候能跟人家学学，再看看你考的分数。话说，你成绩怎么样啊？"爸爸这个时候才想起来问问芳芳的成绩。

芳芳换好了鞋子，原本的好心情全没了。她回头对爸爸说道："一般，和上次没有什么区别。"爸爸哼了一声，让芳芳赶紧去写作业。芳芳回到自己屋里，关上房门默默地哭了起来。第二天，芳芳爸爸接到芳芳班主任的电话，得知芳芳这一次的考试有很大进步。原来班主任从班长那里听说了芳芳的事情，所以给芳芳爸爸打了电话。顺便和芳芳爸爸谈了谈，告诉芳芳爸爸不要武断地去给孩子下定论，芳芳爸爸这才开始反思自己的行为。

案例分析：

芳芳爸爸对于芳芳的判断过于武断，虽然芳芳爸爸也在和芳芳沟通，但却是单方面的沟通。芳芳的想法还没有说出来就被爸爸的话伤害了自尊心。父女之间没有有效的沟通，最后导致芳芳对爸爸很失望。

父母和孩子沟通时，父母一定要放弃先入为主的想法，跟上孩子成长的步伐，与孩子共同成长。孩子是有独立人格和尊严的，所以即使孩子犯错，父母也要用爱去包容和理解他们，而不是一味地误解毁谤、批评指责。不妨多给孩子一些信任，不要先入为主地批评教育，而是要在管教之前，先把事实弄清楚。

父母要看到孩子的新面貌

人非圣贤，孰能无过。孩子会犯错，但是他们也会改正。父母要看到孩子进步的一面，更要关注孩子内心的真实想法。孩子在成长的过程中，父母要时刻关注孩子好的一面，不管孩子当下做得如何，要坚信他们会有更加美好的未来。

正面管教

在和孩子沟通的过程中，要注重对孩子的理解和尊重。父母要放弃自己先入为主的想法，站在孩子的立场上去理解孩子，而且还要看到孩子更为崭新的一面，要给孩子创造一个更为轻松稳定的环境，在这个环境中，让孩子的成长更为自由。

可以责备，但是不能怒斥孩子

父母和孩子进行沟通时，总是喜欢使用自己的权威，用强硬的语气跟孩子说话。也许父母原先是想和孩子好好沟通，但是在沟通的过程中却出现了这样的情况，父母会控制不住自己的脾气，然后开始怒斥孩子。

当孩子犯错的时候，父母会本着纠正的心态来和孩子沟通。在教育孩子的过程中，一些斥责是不可避免的，因为这是教育的一种手段，但是斥责却不是教育的目的，教育的目的是使孩子今后不再犯同样的错误。因此，父母在斥责孩子的同时还要耐心地教孩子做事的方法。

责备孩子也要适度

在孩子成长的过程中，不可避免地要犯一些过错，这个时候，做父母的一定要冷静，查明事情的原委、弄明事情的真相，然后再去责备孩子。很多时候，孩子认识不到事情的对错，当孩子在固执己见时，父母要掌握教育的度。

苗苗上小学二年级，因为是家里的独生女，一直很受偏爱。加上爷爷奶奶的宠爱，更是让苗苗肆无忌惮。很多时候，骄傲的性子让妈妈很是头疼。有一次，苗苗的妈妈带着苗苗去舅舅家，因为舅舅有点事情需要用车，妈妈把车借给了舅舅用。所以，回来的时候妈妈带着苗苗乘坐了公交车。因为是周末，出行的人很多，所以车上很拥挤。苗苗被妈妈牵着上车的时候，很不耐烦。妈妈安抚了好几次，才勉强安抚住。苗苗上车的时候，不小心被人踩了一脚，苗苗顿时委屈起来，在车上放声大哭。一边哭一边说：“我不坐这个破车，我新买的鞋子都被人踩脏了。都怪你，你非要把车留在舅舅家。”

妈妈站在一边很是尴尬，但是车上的人很多，妈妈也不能直接训斥苗苗，于是赶紧安慰苗苗，并且答应她回去会给苗苗好好洗。但是苗苗依旧哭闹不止，周围的人都看着苗苗妈妈。苗苗妈妈很是无奈，只好不断安抚苗苗。到下一站的时候，苗苗妈妈拉着苗苗下了车。然后头也不回地往前走，苗苗看到陌生的地方，以为妈妈不理自己了，于是干脆坐在地上大哭。妈妈站在远处看着苗苗，看着她哭。过了一会儿，苗苗不哭了，才朝着妈妈的方向跑了过去。苗苗想要抱妈妈的时候，妈妈退了一步，严肃地说道：“苗苗，你今天的行为很不礼貌。剩下的路，我们走回去，这是对你的惩罚，也是对妈妈的惩罚。因为妈妈平时没有教育好你，才会出现今天的情况。”

苗苗看着妈妈，不再哭泣，低着头听着。妈妈一路上跟苗苗说了很多话，苗苗慢慢也意识到了自己的错误。

案例分析：

苗苗妈妈在面对苗苗犯错时，及时采取了惩戒的手段，斥责了苗苗的行为，并且让苗苗接受了小小的惩罚。如此一来，苗苗意识到自己的错误，也能有意识地改正。

对孩子适当的斥责是可取的，因为有些时候，父母必须要采用严厉的手段让孩子知道自己的错误行为。对孩子适当的斥责能够让孩子记住一定的教训，并能及时改正。适度的斥责，不仅能够起到教育孩子的作用，也能让父母树立一定的威严。

怒斥孩子不可取

有些时候，斥责孩子过度，就会变成怒斥，怒斥孩子是不可取的，一旦怒斥过头，会大大地伤害孩子的自尊心和自信心。除此之外，怒斥孩子很容易会导致孩子失去对父母的依赖，疏远亲子之间的关系。

杰杰的爸爸有点大男子主义，自认为是一家之主，经常以强硬的语气同杰杰说话。当杰杰要买玩具时，爸爸会说："家里又不是开银行的，能让你想买什么就买什么吗。"当杰杰的意见和爸爸有冲突时，爸爸就会说："现在你翅膀硬了，竟然开始顶嘴了。目无尊长，成什么样子。"当杰杰做错事情时，爸爸还会说："马上给我改正，否则有你的好果子吃。"

杰杰十分怕爸爸，觉得爸爸一直把自己当成一个坏孩子，索性就真的成了一个"坏孩子"，上课也不专心听讲，做小动作，时不时和同学打架。爸爸有一次去学校接杰杰，班主任向杰杰爸爸反映了杰杰的情况，杰杰爸爸在回去的路上跟杰杰说："看看你把书读成了什么样子，每天不知道在想什么，就知道跟我唱反调，看我不好好收拾你。"杰杰在一旁低着头，有时还翻着白眼，一副很反感的样子。

案例分析：

杰杰的爸爸在和杰杰沟通的时候，运用自己的权威，用强硬的口气对杰杰说话，这样一来，不但伤害了杰杰，而且还影响了亲子之间的正常沟通。杰杰的爸爸在怒斥杰杰的同时，也把杰杰从自己的身边推开了，这是非常不可取的。

很多父母在和孩子沟通的时候，会用强硬的口气对孩子说话，这样一来，在很大的程度上伤害了孩子的感情。要知道语言是父母和孩子之间最直接、最有影响力的沟通手段，在和孩子沟通的过程中，父母要切忌使用强硬的语气和孩子交流。

孩子需要温柔教育

孩子是需要教育的，但教育也应该是温柔的。温柔的教育能让孩子体会到父母的苦心，怒斥绝对是不可取的，更不必说对孩子大吼大叫。孩子和父母沟通，需要的是心灵的接触，绝对不是言语上的应付。

正面管教

父母和孩子接触的过程中，要理解孩子的心思，孩子犯错的时候，可以责备，但是不能怒斥孩子，这样会让孩子的身心受到伤害，甚至会让孩子逐渐疏远父母。

不听话莫心急，顺藤摸瓜找根源

孩子接受教育的过程中，不听话现象时有发生。父母要孩子往东，孩子偏要往西，这样的情况，很多父母在生活中都会遇到。有些时候，父母会控制不住自己的脾气，想着孩子怎么这么不听话，之后就是责骂，甚至动手。

当孩子不听话时，父母会经常教育他们，或者威胁要收拾他们，父母想要通过这样的话让孩子听话，但是最后发现结果恰恰相反。当孩子贪玩时，不按照父母的想法行事时，会让父母很是苦恼，这时一些心急的父母总是控制不住自己的怒火，甚至会做出一些过激的行为，使得孩子的身心受到创伤。

父母不能太心急

当孩子出现不听话的情况时，父母不能太心急，更不要随便发火，而是要冷静下来想一想，孩子为什么不听话，是故意为之还是因为受到自身生理、心理的影响而造成的无心之过，抑或是因为本能的需要。

安安是一个乖巧的小女孩，在她四岁的时候，突然变得很不听话。光是早上起床这件事情，就很让妈妈头疼。安安以前非常配合妈妈穿衣服，但是现在却扭扭捏捏不起床，妈妈让她快点穿衣服，她偏要磨磨蹭蹭；妈妈让她穿这件衣服，她非要穿那件衣服。当妈妈因为这件事情发火时，安安反而一脸委屈的样子。后来妈妈和同事聊天时，才得知孩子这个时期正处于叛逆期，因为孩子不断长大，随着孩子的自我意识不断增强，逐渐有了自己的想法，并且对大人的做法懂得了抗拒和怀疑。很多时候，会和大人唱反调，或者对着干，其实孩子也不是有意为之，只是他们不明白为什么要时时刻刻都听大人的。

这样的情况在孩子中间是很常见的，同事说，这种情况，不能过于心急，也不要过于责备孩子。安安妈妈接受了同事的意见，告诉自己要正确对待安安的情绪。于是当安安再一次赖床不起时，妈妈没有和安安发火，而是对安安说："妈妈一会儿要出门，安安要一起去吗？听说外面的花开了，很好看呢。"安安一听，马上从床上爬了起来，连说要跟妈妈去拍照。

案例分析：

安安处在叛逆期，所以总是和妈妈对着干，妈妈有时候也会忍不住发火，但是并没有什么效果。等到妈妈转变了方式，安安也就愿意听妈妈讲话了。当妈妈不着急时，也看到了问题所在。

父母要根据孩子的表现，判断孩子出现这种情况的原因，当父母能心平气和地和孩子进行沟通时，孩子也就自然而然地会听父母的话。当父母发现孩子不听话时，不要过于心急，不妨静下心来找找孩子出现这种情况的原因。

找到孩子叛逆的原因

孩子出现叛逆的情况，是符合孩子成长发育规律的。所以当孩子不听话时，父母要学会去寻找背后的原因。要和孩子心平气和地沟通，深入地了解孩子不听话的原因，并找到解决方法。

凯凯上初中，正值青春期，对待很多事情都任性而为。前几天，妈妈的单位组织外出旅行，妈妈带上凯凯，想让凯凯和同龄的孩子多接触一下，也顺便加深母子之间的感情。到了目的地，凯凯玩儿得很是开心，快要回程时，凯凯看见一个小水潭，非要下去抓鱼。妈妈看着天色将晚，而且小水潭也不知道安全与否，便不允许凯凯下去，但是凯凯执意要往下走。妈妈很是生气，于是对着凯凯严厉地责骂了几句。

凯凯最后是被妈妈拉回车上的，不过一路上都没有和妈妈说话，直到回家，凯凯干脆把自己锁在屋子里，不出门。妈妈很是无奈，但是也不知道该说什么。等到爸爸回来的时候，妈妈把凯凯的情况说了一下。爸爸敲门进了凯凯的房间，和凯凯谈心。凯凯说："妈妈总是不许我做这个，不许我做那个。我已经是个大孩子了，为什么她总是管着我。"爸爸知道凯凯现在的心思，于是便顺着凯凯的话说道："你妈妈不仅管你，还管我，你看看爸爸都多久没有抽过烟了。爸爸都是个成年人了，你妈妈还管我呢？"凯凯反驳说："妈妈是为了你的身体好。"爸爸笑了，也说道："妈妈也是为了你的安全着想，很多时候，我们放任自己的性子，却很少顾及到家人的心情。"凯凯陷入沉思，过了一会儿，凯凯走出门，向妈妈道了歉。

案例分析：

凯凯正值青春期，对很多事情很好奇。加上不愿意听从大人的管教，所以才处处和父母作对。爸爸很理解这个时候凯凯的心情，并没有直接教育孩子，而是和他谈心、聊天，最终所有问题迎刃而解。

父母面对不听话的孩子，要找到其中的根源，或者是性格因素，或者是环境影响，或者是正常的成长规律，这些都需要父母在生活中发现。孩子会忤逆父母的意见，作为父母要找到背后的原因，找到孩子这样做的理由。

走进内心，和孩子沟通

和孩子沟通，必须要走进孩子的内心世界，不管孩子遇到什么样的困难，他们心中想到的第一人始终是父母。有些时候，孩子可能不会和父母主动沟通，但是作为父母要和孩子主动沟通，帮助他们走出困境。

正面管教

当孩子不听话时，父母切忌心急，可以暂时让问题放一放，然后顺藤摸瓜寻找原因。管教孩子是一件难事，但是只要找到孩子和父母僵持背后的原因，难的事情也会变得简单。

孩子出问题，父母也要反思

当父母看到孩子身上的一些问题时，也许父母首先想到的是孩子的错，而不会意识到可能是自己的错。于是，父母开始指责孩子，打骂孩子。实际上，很多时候孩子身上的问题恰恰是父母自身问题的真实反映。

父母在管教孩子的过程中，不要总把目光盯在孩子身上，要透过孩子的言行，反思自己，进而改变自己。把孩子当成一面镜子，看到孩子身上的问题时，就要想到自己身上的问题。

以孩子为镜，反思自己

小月因为睡懒觉上课迟到了，被老师狠狠地批评了一顿。回家后，小月把这件事情告诉了妈妈。妈妈责怪道："你看看你，就爱睡懒觉，怪不得老是迟到。"小月有些不服气，小声说道："妈妈，您还不是一样，爱睡懒觉，上班经常迟到。"妈妈一时哑口无言。

涛涛的脾气很是暴躁，只要遇到不顺心的事情就大发脾气，一次，涛涛因为一件小事和爸爸发生了争吵，爸爸责骂道："看看你这个脾气，真是没救了！"没想到涛涛出口反驳道："你不也是一样吗？"爸爸这才意识到，儿子的坏脾气和自己有着很大的关系。从此以后，无论遇到什么事情，爸爸都会尽量压住自己的怒火。一段时间后，爸爸发现儿子的脾气也变好了。

案例分析：

小月和涛涛的身上都有着大人的影子，他们身上所表现出来的不良问题，恰好是父母的写照。涛涛爸爸在发现了涛涛身上的问题后，没有强制性地改变儿子，而是先改变自己，最终涛涛也深受影响，脾气逐渐变得好了起来。

想要改变他人，首先要改变自己。当父母发现孩子身上出现的一些问题时，一定反省自身，要从自身做起，改变自己的言行，进而影响孩子的行为，促进他们不断纠正自己的错误，不断进步。父母通过反思自我，并根据孩子身上反映出来的问题改变自己的言行，以此影响孩子，最终改变孩子。

父母不能把孩子当作出气筒

生活中，不如意的事情十有八九，当父母找不到情绪的宣泄途径时，就会无缘无故地把脾气发到孩子身上。殊不知在这样的情况下，孩子也会深受影响，当亲子关系出现裂痕时，父母才开始反思到底是什么时候出现了问题。

最近，爸爸发现，熊熊似乎有意无意地躲着自己，平日里熊熊总喜欢晚饭后黏着自己讲故事，最近都没有这样的要求。更让爸爸疑惑的是，每当熊熊爸爸说要带熊熊出去玩儿的时候，熊熊总是说要写作业。后来，爸爸和妈妈说了这些情况，妈妈立即找熊熊谈话，这才知道缘由。

爸爸因为工作上的事情，前一段时间心情很是糟糕。有一次回家时，熊熊跑了过来，问道："爸爸，我有几道数学题不会做，你教教我吧。"当时爸爸一肚子火没有地方发泄，看见熊熊来烦自己，忍不住对熊熊大吼："怎么念的书？什么也不会？你是猪脑子吗？"熊熊当时哇的一声哭了出来，之后还是妈妈赶紧过来哄住了熊熊。后来，爸爸看着熊熊不哭了，也没怎么在意，等到爸爸把工作忙完之后，才把注意力转移到熊熊身上。

妈妈说了这件事情后，爸爸才意识到自己的问题。原来熊熊不愿意和自己亲近，是因为自己曾经向他发了脾气。爸爸认识到自己的错误，向熊熊道歉，并且郑重承诺以后不再向熊熊发火了。一段时间之后，父子关系终于和好如初了。

案例分析：

熊熊爸爸因为工作上的一些烦心事，把熊熊当成了出气筒，使得父子之间的关系出现了问题，好在熊熊爸爸及时认识错误，并及时改正了错误，这才修复了父子关系。

很多时候，父母把自己的不良情绪发泄到孩子身上，让孩子感到害怕，之后逐渐疏远了父母。当父母的情绪不稳定时，对孩子的教育就会非常失败。如果自己很难做到公正公平，教育孩子是起不到良好的效果的。当父母因为情绪失控伤害孩子时，一定要及时道歉，并向孩子保证以后一定会多注意。

父母更要看到自己的问题

孩子身上不可避免会存在各种各样的问题，而这些问题很大一部分来自父母自己身上，所以，父母在教育孩子时要善于发现自己身上的问题。因为孩子会向父母学习，而且孩子所表现出来的性格也趋向于父母的样子，所以，在教育孩子时要做到以身作则。

正面管教

父母在教育孩子的时候，不妨想想孩子身上的问题，是否是自己身上也存在的。要冷静下来和孩子谈谈，找到问题的根源。作为父母，孩子表现出来的样子，更是自己身上的一个影子。

敞开心扉，双向沟通更顺畅

父母总是想让孩子对自己打开心扉，想让孩子把内心的想法全部说出来。但是很少有父母愿意去向孩子表露自己的心声，父母会觉得自己是大人，有些事情说不说在自己，孩子是没有权利过问的，更不需要向孩子说明，其实，这样的想法是不对的。

父母想要和孩子进行良好的沟通，就必须敞开心扉，不能因为自己是大人，就存在优越感，觉得孩子的事情必须要跟自己说。孩子作为独立的人，同样需要知道父母的心声，沟通是双方共同进行的，只有一方的沟通不叫沟通。

敞开心扉，才能说明白

沟通是一个双向过程，在这个过程中，父母和孩子是平等的。父母想要走进孩子的内心，不光要让孩子敞开心扉，自己也要敞开心扉。当父母向孩子敞开心扉时，才能得到孩子的认同，从而建立良好的亲子沟通关系。

源源的爸爸因为最近单位裁员丢掉了工作，源源马上中考了，爸爸担心影响儿子的学习，就没有跟源源说过这件事情。虽说没有了工作，但是爸爸还是每天按时出门，有时去找工作，有时去图书馆看看书，有时去公园散心。

有一天，父亲刚回到家，源源凑过来问："老爸，您是不是没工作了？"爸爸有些惊讶，不过还是装作一副若无其事的样子随口说：

“哪有的事，你看老爸每天不是按时出门的吗？你呀，只要好好学习就可以了，马上就要中考了，要专心复习才行啊。”儿子点了点头，满腹狐疑地走开了。

过了几天，爸爸发现儿子不怎么和他说话，而且一副心事重重的样子。爸爸有些纳闷，一次晚饭过后，爸爸问：“儿子，是不是最近压力太大了？”源源不作声。爸爸又问：“是和同学闹矛盾了吗？”源源还是沉默不语。爸爸急了，有点生气地说：“源源，有什么事不能和爸爸说吗？”源源也急了，抬起头说道：“您的事情都不和我说，凭什么要知道我的事情？”爸爸一愣，知道自己丢工作的事情被源源知道了，于是说道：“对不起，源源，爸爸不该骗你的，爸爸是怕影响你的学习。”爸爸还没有说完，源源就抱着爸爸哭了起来，说道：“爸爸，是我不好，不应该让您担心，您放心，我一定会好好学习。”

父子两个互相吐露了心声，爸爸也不再为工作的事情遮遮掩掩，源源有什么烦心事也主动和爸爸说，很快爸爸找到了工作，在爸爸的鼓励下，源源也考上了心仪的高中。

案例分析：

源源想要知道爸爸工作上的事情，爸爸却不愿如实相告，而是选择了撒谎隐瞒，所以当爸爸询问源源的事情时，源源因为知道爸爸欺骗了自己，也不愿意告诉爸爸，最终爸爸为此事道了歉，才解开了彼此的心结。

现代生活中，不论是出于对自己父母地位的维护，还是确实有迫不得已的缘由，父母很少向孩子表露自己的心声。当孩子看到父母不高兴，主动询问父母的时候，父母经常以“小孩子，忙你的事”“没你什么事”“没什么，一边玩儿去”等话语来敷衍，这就为亲子之间的沟通制造了障碍。

引导和孩子进行双向沟通

父母想要和孩子建立良好的亲子沟通关系，必须向孩子敞开心扉，比如可以和孩子聊聊自己的工作，说说工作中的酸甜苦辣，假如可能的话，也可以带孩子到自己工作的地方去看一看，这对于亲子沟通是非常有利的。

双向沟通需要双方共同交流，父母可以让孩子知道父母的烦恼，不管是对孩子来说，还是对父母，都是一种明智的行为。所以父母应该和孩子一起分享喜怒哀乐，让孩子感受到父母对他的信任和尊重，从而让孩子向父母敞开心扉。

元山刚刚期末考试完，因为感觉自己考得不是很好，所以心里不是很舒服，回到家的时候也有些闷闷不乐。妈妈看到元山的样子，想去问问，但是却被元山敷衍了几句，也没有和妈妈说事情。妈妈有些生气，但还是耐着性子说：“元山不开心，不想和妈妈说，那元山愿意听听妈妈的事情吗？”元山的好奇心被勾了起来，看着妈妈。妈妈看着元山说道：“妈妈今天上班的时候，和老板吵了起来，因为老板觉得妈妈的方案不合适。然后，妈妈还得继续改，妈妈觉得老板不懂得欣赏。但是妈妈也没有办法不去改，因为这是老板的命令。妈妈很生气，也很无奈。”

元山听到妈妈的话后，就像找到了同伴，因为都被苦恼纠缠着，然后元山就把自己考试的情况跟妈妈说了一下。妈妈在得知元山的情况后，安慰了元山。而元山也和妈妈约定，要继续努力。妈妈努力不让老板挑出错误，而元山努力学习争取下次能考出好成绩。

案例分析：

元山和妈妈的沟通是双向的，妈妈想要倾听元山的事情，所以先把自己的事情说了一下。在这样的基础上，元山才把自己的苦恼说了出来。母子两个在沟通的过程中得到了理解，因此，两人的关系变得更加亲近了。

孩子和父母需要沟通，而这个沟通过程是需要父母来把握主动权的，孩子的内心世界很好走进去，前提是要父母去敲响孩子的心门。在和孩子沟通的过程中，父母要看到更多的可能性。

父母和孩子共同成长

父母和孩子共同成长，沟通是一种成长，是相互成长。在沟通的过程中，父母能够了解孩子的内心想法，而孩子也能够看到父母在日常生活中的情绪，这对于孩子来说是非常重要的。

正面管教

敞开心扉和孩子进行双向沟通，孩子需要父母的理解，同样的，孩子也渴望知道父母的心情。沟通不是一言堂，不是父母单方面的说教，或者是孩子单方面的汇报。真正的沟通，必然是双方互相了解。

不做语气强硬的父母

在孩子和父母沟通的过程中，很多时候都只是屈服于父母的威严，父母强硬的语气和不容置疑的态度，让孩子没有说话的权利，也没有选择的权利。如果孩子是因为你的威严而听你的话，这样的教育是失败的。

父母要试着去放弃强硬的语气，抛掉为人父母的优越感，和孩子进行友善沟通，才能得到孩子的信任和尊重。父母放下架子，蹲下去和孩子交谈，这样孩子才会快乐，身心才会健康。不做语气强硬的父母，才能实现正面沟通。

不要过于严苛地对待孩子

很多时候，父母会发现，孩子和父母的隔阂往往是父母自己造成的。父母把自己凌驾于孩子之上，不管对错，全部都要孩子接受，孩子心中必然不会服气。孩子会把自己和父母进行比较，当孩子犯错的时候要受罚，而当父母做错事情的时候，却没有任何人惩罚他们。在这样的情况下，孩子的内心会极度不平衡。

父母面对犯错的孩子时，不能过于严苛地对待孩子。父母要学会站在孩子的角度去考虑问题，语气强硬地对待孩子是不可取的，一旦语气过硬，孩子的心灵就会受到伤害，更不必说是亲子之间的关系。

一个中学生在日记中写道："在家里，我没有幸福的感觉，最近常常会有离家出走的想法。"这位中学生的母亲也说道："儿子小的时候很听话，不管大人如何打骂，他都是从来不顶嘴的。”连他们的邻居也说道：“这母子现在根本不说话，难得说几句话，也会很快吵起来，然后就听见母亲声嘶力竭地斥骂儿子的声音。”这位同学和母亲的关系之所以成为这个样子，是因为这位母亲一直不和自己的儿子好好沟通。儿子中考的时候发挥失误，没有考上重点高中。母亲想要花些钱让他去重点高中，但是他想去普通高中学习。之后母子之间就发生了激烈的争吵，而儿子原本喜欢的足球活动，也被母亲明令禁止。

母亲对儿子说：“以后不许玩儿这些东西，不许出门，只能在家里学习。”而儿子的态度也从消极对抗，到激烈的言语冲突。慢慢地儿子不愿意和母亲说话，甚至连家都不想回去。

案例分析：

这对母子矛盾爆发的根本原因就在于，做母亲的压根儿就没有站在儿子的角度上考虑问题。为人母亲，对待儿子就像是上司命令下属。母亲不把孩子当作一个独立的个体，不觉得他应该有自己的想法，一味地以自己的尺度来限制孩子，最后导致矛盾的爆发。

在教育孩子的过程中，父母要学会和孩子温和沟通，父母要成为孩子的玩伴和忠实的朋友。教育本身的意义就是伴随和支持，严苛地对待孩子是不可取的。

要学会和孩子正面沟通

父母要学会和孩子正面沟通，在教育子女的过程中要宽严适度，父母不能为了赢得孩子的欢心和笑容，对孩子的缺点、错误放任自流，听之任之，连不合理的要求也要违心地满足；也不能处处苛求孩子，把孩子与同伴进行横向比较，甚至拿孩子的短处去和别人的长处比较。父母要注意进行纵向比较，一旦发现孩子的闪光点和点滴进步，就要及时加以鼓励。

和孩子正面沟通，就要学会去尊重孩子，要知道孩子是一个独立的个体，他们有着自己的情感和需要。父母要减少威严感，增加亲近感，让孩子感受到父母和自己是平等的。父母在和孩子沟通的时候，必须要讲礼貌，要减少言语上的刺激，不要伤害孩子的自尊心。

父母带着女孩去餐厅用餐，服务生问母亲需要什么，然后问父亲需要点什么，之后才问小女孩："小姑娘，你要点什么呢？"女孩说："我想要一份水果沙拉。"

"不可以，今天你要吃三明治。"妈妈说道，顺便把菜单还给了服务员。之后，小女孩的父亲补充了一句，再让服务生给小女孩来一份生菜。小女孩很是不开心，于是说道："我想要自己点菜。"服务员有些尴尬地站着，妈妈的眉头皱了起来，正要说话的时候，小女孩的父亲说话了："丫头，你要知道，你咳嗽才好，现在还不能吃过于凉性的水果沙拉。"

小女孩有些赌气，但却没有反驳，依旧满脸的不开心。父亲接着说道："爸爸知道你想要吃水果，我们约定好不好，等你咳嗽彻底好了，爸爸给你足够的水果回去做沙拉好不好？"小女孩看着父亲，这才笑着点头。

案例分析：

小女孩想要自己做选择，但是却被父母阻止了。虽说过程中，小女孩是不高兴的，但是在父亲的解释下，小女孩才认识到自己的问题。沟通是交心，既要解释出缘由，也要找到解决办法。

正面沟通的同时，父母也不妨和孩子承认错误，当父母意识到自己对孩子可能讲错了话、做错了事，要勇于向孩子承认错误并及时道歉。这样也不会降低父母在孩子心目中的威信，反而会感到父母更加可亲可敬。

爱孩子，需要温柔

爱孩子，需要温柔以待，强硬的语气会打击孩子的自尊心。父母要学会去尊重孩子的选择，不能把孩子当作一件物品。父母想要让孩子朝着自己想要的方向发展，也要和孩子进行友好的沟通。

正面管教

孩子在成长的过程中，需要父母管教，但是在管教的过程中不能言语过分强硬，语气一旦强硬起来，就像是在命令孩子，当孩子心中对父母有了敬畏心，就不会和父母进行沟通，而父母也就无法走进孩子的心里。

孩子说，我们耐心听

很多时候，父母和孩子沟通的时候会出现一个问题，就是最后都成为父母的一言堂。父母不给孩子说话的机会，最后导致沟通的失败，问题不会得到解决，所以，父母和孩子在沟通的过程中要学会去倾听。

人与人之间的交往，倾听是很重要的，要知道，一双善于倾听的耳朵胜过十张能说会道的嘴巴，善于倾听也是一种重要的沟通方式。当父母和孩子沟通时，要学会去倾听孩子的心声，在很多现实面前，当父母能够倾听孩子的想法时，也更加容易让孩子把心里话说出来。

倾听是一门艺术

倾听是一门艺术，学会倾听更是需要长时间的学习。作为社会人，我们在社会中不断倾听别人的话，但是很多时候却忽略了家人的话，特别是为人父母，经常忽略孩子说的话。学会倾听需要努力去练习，父母要经常倾听孩子讲话，做一个善于倾听的人。

儿子回家后一直不高兴，妈妈看出来他有些不开心，于是赶紧放下手中的家务找儿子谈心："告诉妈妈，是谁惹你生气了？"儿子有些欲言又止。妈妈拍了拍儿子的肩膀说："我虽然是你的妈妈，但也是你的好朋友啊，有什么事是不能和好朋友说的吗？"

儿子犹豫了一下，嘟囔了一句："是老师。"妈妈十分好奇地问道："跟妈妈说说，老师怎么'惹'你了？"儿子说道："今天读课文的时候，我不小心读错一个多音字，老师当众指了出来，弄得我很没有面子。我是男孩子呀，被那么多同学笑。"说着儿子还挺了挺自己的小胸脯，用手拍了拍。

妈妈说："正因为你是男子汉，才更要大度呀。"儿子听后思考了一下，立马变得高兴起来，恢复了之前调皮的样子。并且对妈妈说："妈妈我知道了，我约了小伙伴一起玩儿，我先去了。"说完，儿子便向门口走去，不过儿子在走到门口的时候忽然想起了什么，小跑过来在妈妈耳边说了这样一句话："妈妈，谢谢您听我说话。"说完就跑出了家门。

案例分析：

男孩子往往都是这样，表面上十分调皮，但是有不开心的事也会憋在心里。妈妈愿意倾听的时候，男孩就会把事情说出来，之后才会忘却一些事情，当说出心中的郁闷，心情也变好了，整个人又活跃了起来。

作为父母，要懂得孩子的心思，更要懂得去体谅孩子的心思。父母不仅仅是管教者，很多时候，父母可以成为一个善于倾听的人。不要滔滔不绝地去说，而要根据孩子的情绪和心情来理解孩子。当孩子情绪不好的时候，也是父母走进他们内心的时候，父母应该耐心倾听，并给予孩子适当的帮助。

父母不要总是打断孩子的话

听人把话说完，不打断对方的话，是对他人的一种尊重，倾听孩子的心声，最重要的也是尊重。但是很多父母却做不到这一点，比如孩子还没有把事情说完，就打断孩子的话，还没有了解事情的真正缘由就进行责怪，时间长了，亲子沟通势必会出现问题，孩子不愿意说，父母不愿意听，沟通自然会受到阻碍。

佳田一直是别人眼中的乖乖女，很是听话，不管爸爸妈妈说什么，佳田都乖乖照做。妈妈让佳田学舞蹈，哪怕佳田不是很喜欢，但还是每周上课，还参加了班级的文艺表演。之后，对于家里的安排，佳田从来不吭声。后来佳田上初中，正值青春期，妈妈发现佳田时常对着手机傻笑，这一点让妈妈感觉到了异样。于是妈妈趁佳田不在的时候，翻看了佳田的手机，然后发现佳田和一个男孩子来往密切。妈妈很是气愤，于是等佳田回来的时候，直接质问："你胆子大了啊，上初中就敢谈恋爱。"

佳田很是生气，因为妈妈翻看了自己的手机，佳田正要开口争辩，妈妈直接打断了佳田的话："你还好意思找理由，从今天开始，手机没收，周末没事不许出去。"佳田一句话还没有说出口，就被妈妈噎了回去。佳田看了妈妈一眼，一句话也没有说，直接开门跑了。妈妈在气头上，没有去追。

等到晚上的时候，佳田还没有回来，妈妈这才着急了。于是给几个同学打了电话，也从同学口中，知道了佳田的事情，原来那个男孩子是班里的学生，因为先天性残疾，所以班里的同学结成小组帮助他学习。佳田是学习委员，所以事情归佳田负责，佳田也就经常需要跟那个同学联系，跟进学习进度。妈妈这个时候才意识到自己一开始就没有给过佳田说话的机会，很是后悔，于是穿上衣服下了楼去找人，最后在街角的咖啡店才找到佳田。妈妈暗暗下定决心，以后一定要给佳田说话的机会，不能轻易打断佳田的话。

案例分析：

佳田的妈妈从来不给佳田说话的权利，从佳田的日常生活到学习，妈妈都是以命令的形式，佳田从来都没有说话和争辩的权利，更没有机会。因为妈妈的误解，让佳田的自尊心受到了很大的伤害，最后也就导致了母女关系的疏远。

当孩子和父母说话时，父母要尽可能让自己有耐心，等孩子把事情说完，这样一来，孩子才会感受到父母对他的尊重，从而愿意敞开心扉和父母交流。

倾听是沟通的前提

要想说话，首先要学会去倾听别人的话。父母倾听孩子的心声，让孩子把心中的想法说出来，使孩子能够发表自己的意见，这样的父母才能了解孩子，才能给予孩子恰当的指导，对孩子的成长才会有好处。

父母一定要把孩子当成一个有思想的独立个体，给孩子对等的地位，尊重孩子说话的权利。只有平等的、民主的家庭才能培养出具有独立意识、乐观积极的孩子。父母要给予孩子真正的平等地位，不打断孩子的讲话，认真倾听孩子的话，体会到孩子内心的想法，才能让孩子和父母之间的沟通更为顺畅。

正面管教

孩子说话的时候，父母要耐心去听，不管孩子有任何的意见，父母都要给予他们发言的权利。要想实现真正的沟通，倾听是必须要做到的，当父母用心去体会孩子讲话，才能走进孩子的内心，和孩子成为真正的朋友。

不要着急否定孩子的话

孩子说话的过程中，父母不要着急否定，当父母立刻否定了孩子的话，会让孩子对自己的想法产生怀疑。时间长了，孩子会觉得自己的想法是无关紧要的，不管是感情上还是情绪上，孩子都得不到放松。

如果父母过多的否定孩子的话，会让孩子觉得父母不了解自己，没法跟父母沟通，而父母对孩子的抱怨同样也不理解，父母觉得明明是为了孩子好，但是孩子却听不进去，于是不禁感叹现在的孩子真是难管教，难沟通。

不要过于否定孩子

和孩子沟通的过程中，需要父母运用同理心，要多从孩子的角度考虑问题，当孩子表达自己的看法时，不要过于着急地否定他们，试着去理解孩子的真实想法。毕竟孩子是需要被理解的，而不是一味地指责或者单方面的说教。

琪琪的期中成绩出来了，比起上次来说已经进步很多了。等到回到家的时候，看见爸爸在小区门口和同班同学小虎的爸爸谈话，琪琪走了过去，问了声好。然后琪琪爸爸才带着琪琪回家，琪琪在回去的路上正要开口说自己这一次的成绩进步很多，但是看见爸爸一脸严肃的表情，决定回家再说。

进了家门，琪琪刚把书包放在沙发上，就听见爸爸严厉地说道：

“老实说，前几天放学没有按时回家是不是去玩儿了？我刚才听小虎爸爸说，小虎还去网吧打游戏。你说，你是不是也去了？”琪琪一头雾水，因为考试的原因，琪琪放学后也留在教室复习功课，当时回家已经说过了的。面对爸爸的质问，琪琪说道：“我在学习看书啊，而且这一次我考试还进步了不少呢！”

“你不要辩解了，找借口是没有理由的。明天我去学校问问你们老师就知道了，你说进步了，难不成考进班级前十了？”爸爸反驳道。琪琪很是委屈，于是低着头不说话。

案例分析：

琪琪的爸爸直接否定了琪琪的话，轻易地听信他人的言论，而且对于琪琪的话直接进行了否定。这让琪琪很受伤，琪琪不愿意再去辩解的时候，就说明琪琪已经对爸爸失望，他不不愿意再和爸爸沟通。

父母在孩子说话的时候，不能急于去否定。当父母过度地否定孩子的话，就会让孩子失去信心，孩子会觉得自己的话一直在被否认，自己的意见无足轻重。这样的想法，非常不利于孩子成长。

给孩子一个机会解释

父母要给孩子解释的机会，不能急于否定孩子的话。父母要树立一种观念，允许孩子进行合理的争辩，或者让孩子尽可能地陈述完自己的意见。对于两代人来说，沟通才是跨越代沟的桥梁。父母要善于研究学习，给孩子解释的机会，正确地看待孩子的心里话。

一天，妈妈上班的时候突然接到学校老师的电话，说是小张和同学打架了，需要妈妈去一趟。妈妈请了假急忙赶到学校，看见7岁的小张楚楚可怜地站在那里，班主任正在教训他。妈妈表示了歉意："我回家会好好管教他的。"说完便带着小张回了家。

妈妈回到家中，并没有劈头盖脸地对小张大肆批评，而是像平常一样，做自己该做的事情，也让小张自己去忙自己的事情。等过了一会儿，妈妈才和小张坐下来沟通。妈妈心平气和地说："你今天和同学打架，妈妈为此请了假去处理你的问题，不过这些都不重要。妈妈知道你一定也受了委屈，至于为什么去打架，相信你也有自己的理由，你愿意和妈妈说说吗？"小张见妈妈没有严厉地责备自己，忐忑的心安定了下来，把自己为什么在学校打架的事情的前后经过说了一下。妈妈听完后，平心静气地给小张讲了道理，最后在妈妈的教导下，小张勇敢地承认了自己的错误。

案例分析：

小张的妈妈在面对孩子打架的事件中，没有怒发冲冠，也没有直接去批评孩子的行为。在冷静了一段时间后，妈妈认真听了小张的解释，之后才教育小张应该怎样去做。正是因为妈妈给小张解释的机会，才有效地实现了母子之间的顺利沟通。

明智的父母都会有些同理心，这样的父母更加善于从孩子的角度去考虑问题，然后找到解决问题的办法。父母在面对犯错误的孩子时，不要立马去否定孩子的话，而要委婉地提出自己的建议，保护孩子的自尊心。

和孩子达成真正的沟通

父母要和孩子实现真正的沟通，就要让孩子去说，当孩子把内心的想法表达出来时，父母才能够知道孩子的内心，才能走进孩子的内心。孩子拥有话语权，在和父母的交流中，有足够的空间和时间来表达自己的想法，而在孩子表达想法的过程中，父母不能进行直接的否定，因为只有在不打击孩子自尊心的情况下，父母和孩子的沟通才会更加顺畅。

正面管教

孩子在成长的过程中会遇到各种各样的问题，作为父母要根据孩子的需要来解决问题，而在这个过程中，父母要理解孩子的内心，不能总是去否定孩子的话。否定的语气会对孩子造成的伤害，更会让孩子对自身产生怀疑。

LOGICAL PERSUASION

第二章

不溺爱不骄纵，让孩子茁壮成长

现实中，大多数孩子都是家中的独生子女，在这样的情况下，孩子多是在蜜糖罐似的环境中长大。不管是父母还是上一辈人对孩子的溺爱，都会让孩子沉浸在过于美好的现象中，但是社会并不会惯着孩子，父母过度的溺爱，只会成为孩子未来成长路上的绊脚石。要想孩子茁壮成长，就不能溺爱和骄纵孩子。

爱孩子也要有底线

现在的社会中，家里是独生子女的占了很大的比例。加上隔代的宠爱，孩子成了家里的宠儿。父母是爱孩子的，想要把最好的东西给孩子。但是在这个过程中，很多孩子会被父母惯坏，最后成为众人眼中的“熊孩子”。

父母爱孩子，一样需要有底线，毫无底线的爱，只会养出“熊孩子”。在孩子成长的过程中，父母会发现孩子身上出现了各种各样的问题，这个时候，如果父母不去重视，反而对孩子进行维护，最后受到伤害的只会是孩子自己。

帮助孩子改正过失

当有一天，你发现孩子身上出现了你始料未及的问题，有可能是出口的脏话，有可能是恶意的动手，这些问题出现得猝不及防，却对孩子的成长有深远的影响。父母看到孩子的过失时，就要帮助孩子改正，让孩子知道什么是对的，什么是错的。

一次，球球带他的同学来家里玩儿，爸爸无意间听到球球说了一些脏话。当着同学的面，爸爸没有说什么，等到送走同学后，爸爸把球球叫到跟前，严肃地对球球说：“球球，你什么时候学会说脏话了？爸爸不是告诉过你，不要说脏话吗？”

“我们同学都这样说，而且不说脏话就不是一条好汉。”球球解释道。

“我不管别人怎么说，我的儿子很优秀，是不能那样说话的。”爸爸坚决地说道。

球球低下头不再说话，爸爸心平气和地说：“儿子，说脏话是一种很不好的习惯，一个人的前途很有可能会毁在一个坏习惯上，你也不希望自己成为一个脏话连篇的坏孩子吧？”球球认真地点了点头，承认了自己的错误。

案例分析：

球球的爸爸发现了球球的过失，很快就帮助孩子进行改正。有些父母会认为这是小问题，不在意，但是时间久了小问题往往就会成为大问题。球球的爸爸对于球球的教育一点儿也没有忽视，对球球动之以情，晓之以理，及时地纠正了球球的坏习惯。

面对孩子的过失，父母要做到帮助他们及时改正。可以引导孩子去控制自己的情绪，帮助孩子找到合适的发泄口。孩子的过失可能是一时的，但是有些影响会持续下去，所以父母在这个时候，不能再溺爱孩子，而是要帮助孩子改正过失。

原则问题不能容忍

很多父母对孩子的宠爱到达了极致，生活中的事情都顺着孩子的要求，孩子说要什么，父母就给什么，以至于孩子成了家里真正的无法无天的小霸王。很多时候，孩子因为父母的宠爱，渐渐变得骄傲自大，等到孩子走向社会，面对外界的环境，一时间不能适应，最终会受到来自社会的教训。

坛坛是家里的独生子，爷爷奶奶重男轻女的思想很严重，所以对于小孙子一直很是疼爱，觉得坛坛是家里的独苗，就该宠爱着。爷爷奶奶对于坛坛的要求几乎有求必应，不管坛坛犯了什么错误，爷爷奶奶都说没事，孩子还小。于是坛坛的性子骄横跋扈，不管是不是自己的东西，只要是自己喜欢，就抢过来，好几次爸爸妈妈都教育坛坛不能这么做，但是坛坛的爷爷奶奶却总是维护坛坛。

等到坛坛上小学的时候，妈妈以为这种现象会稍微改善一下，但是后来发现这样的情况根本改善不了。因为坛坛从小养成的习惯，让他在小学很难适应。有一次妈妈上班的时候，接到了坛坛班主任的电话，说是坛坛打伤了同学。吓得妈妈赶紧去了学校，去了之后才得知，是因为坛坛看上了同学的新玩具，想要玩儿一下，但是同学不给，于是坛坛就直接把凳子扔了过去，结果误伤了一旁的同学。妈妈很是吃惊，坛坛已经到了这种地步吗？当时妈妈就下定决心，一定要严肃地对坛坛的行为进行整改。在这样大是大非的问题上，妈妈觉得有必要让坛坛认识到自己的错误。

案例分析：

因为过于溺爱，导致了坛坛的性格很是嚣张跋扈，从一开始的小问题，到后来的大问题，坛坛最终惹下祸事，也是预料之中的。因为父母爱孩子，隔代爱孩子，在家庭的无底线爱孩子下，才导致了坛坛现如今的样子。

孩子需要爱，但是不能无休止地给孩子爱，更何况还是没有任何底线的爱。但孩子意识不到自己的错误，当父母不去纠正孩子的错误，孩子最终会犯下很严重的错误。等到最后出了事情，父母才后悔莫及。所以，不如一开始就有原则地去爱孩子，对于孩子犯下的错误，有些可以包容，有些错误必须要让孩子自己去承担，只有这样才能让孩子得到教训。

在规矩中爱护孩子

爱护孩子是父母的责任，也是天性。没有父母不疼爱自己的孩子的，但是在爱孩子的过程中，更要注重规矩。疼爱孩子不是任孩子胡作非为，疼爱孩子也不是无底线地包容孩子。爱孩子要有规矩，要让孩子在规矩中成长。只有这样，才是真正对孩子好，是为了他们的未来着想，为了他们的人生着想。

正面管教

父母应当在生活中教会孩子如何成长。疼爱孩子，更多的是要带孩子见识更为广阔的天地，更要用心地和孩子进行沟通，关注孩子的心理，关注孩子的安全。爱孩子，不需要父母无底线地付出，而是要教会孩子付出。

鼓励孩子大胆去做

有些父母总是觉得孩子还小，不会有自己的主见，孩子的想法和意见也不重要。当孩子表达出他的意愿和想法时，父母总是不屑一顾。但是在孩子成长的过程中，孩子要面对的事情很多，只有他们拥有足够的自信，才能够大胆去做。

孩子要想在人生的道路上更好地成长，就必须要尝试去做新的事情。作为父母，要鼓励孩子大胆去做，在尝试中找到属于自己喜欢的事情。每个人每天都有很多的事情要去做，在众多的事情中，人们都在挑选自己喜欢的事情做，对于孩子来说，也是同样的。

让孩子做自己喜欢的事情

小茹是一个小学生，马上就要放暑假了，面对较长的假期，小茹身边的很多同学都被家里安排好了。班上很多同学的家长都希望利用这个假期给孩子好好补习功课，甚至其中一位家长买了一摞的习题，让那个同学一个假期之内全部完成，否则就不可以玩游戏。

小茹回家的时候，妈妈也叫住了小茹，问道："马上就要放假了，你有什么计划吗？"小茹听到妈妈问自己有什么计划，心里有点发凉，也许妈妈正准备给她做思想工作，希望她利用假期的时间好好学习。

"妈妈，我想和您商量一下，我暑假不学习可以吗？"小茹还是开了口，主动和妈妈商量了起来。

"当然好啊，只要你把时间放在做有意义的事情上，做什么妈妈都会支持的。”当妈妈说出这句话的时候，小茹很是开心，因为她能够有机会去做自己喜欢的事情。

“我想利用假期的时间把全套的凡尔纳探险小说读完，还想利用假期的时间练习吹长笛和口琴，剩下的时间还要写作业，其实我们的作业很多，每天完成一点点，够写一个假期的。”小茹把自己的想法告诉了妈妈。

妈妈听了小茹的想法，说道：“小茹，妈妈很支持你的想法。”妈妈的话就像一颗定心丸，让小茹的心情愉悦起来。妈妈继续说道：“你已经学习了一个学期，已经很累了，利用这个假期，好好调节一下也是必要的，妈妈不强迫你像其他同学那样在假期学习。不过，开学之后，我们要有一个更好的精神面貌对待学业。”小茹很是高兴，笑着点头答应了妈妈。

案例分析：

小茹有自己的计划，而妈妈对小茹计划的支持是小茹做事的动力。妈妈鼓励小茹去做自己喜欢的事情，很大程度上拉近了亲子关系。同时，也锻炼了小茹的自理能力，小茹有计划地做事，对自己的学习和生活有一定的安排，这样的经历会帮助小茹更好地成长。

很多时候，生活中的人们都是做着自己厌恶的事情，但是不得不逼迫着自己去做好这些事情。在不断的挣扎中，很多人会失去动力。所以，一开始就要做自己喜欢的事情，只有把自己喜欢的事情做好，才能有更大的信心去尝试新的事情。

让孩子有行动力

孩子在生活中会遇到很多问题，他们不可能解决好每一个问题，当孩子在生活中遇到问题时，他们会根据之前的经验来判断问题的好坏，如果孩子感到陌生和害怕，他们就会退缩，这个时候，父母的鼓励显得尤为重要。

黛娜在一次考试中，成绩一落千丈。她的心情很是糟糕，一下子由一个活泼开朗的小女孩变成了一个沉默的小女孩。因为她觉得自己太笨了，不好意思见朋友，于是整天把自己关在屋子里。直到面临下一次考试，黛娜还是很担心自己考不好。这样的情况渐渐严重，已经影响了她的日常生活。

妈妈发现了这样的变化，便和黛娜一起分析考不好的原因，逐条列出。最后得出这样的结论：黛娜之所以考不好，是因为不用功记单词，不愿意动脑子思考数学题，这些困难都是她自己能够解决的。这位妈妈还反复地告诉孩子："黛娜，你是一个聪明的孩子，四岁的时候就能数数了，还会画出好看的画。学习要奋斗，进步不是一朝一夕能够做到的，只要不断努力，一切都会好起来。"

从此以后，黛娜不再灰心丧气，她每天都非常勤奋地学习，经常和小伙伴讨论问题。没过多久，她的成绩取得了很大的进步，也恢复了之前的乐观和自信。

案例分析：

黛娜因为成绩的下滑感到沮丧，长时间沉浸在这样的意识中，让黛娜很是难受。好在黛娜妈妈及时出现，让黛娜成功地找到了问题的关键，妈妈的鼓励是让黛娜走出阴影的动力。

要让孩子有行动力，就要鼓励孩子去尝试新事物，当孩子遇到挫折的时候，要给孩子充分的鼓励，要让他们变得自信起来。只有孩子本身拥有动力，拥有足够的勇气，他们才能去接触新的事物，去挑战新的环境。

父母是孩子最好的支持者

孩子的成长是一个很慢的过程，同时也是一个不受控制的过程。因为他们的独立性和思想的进步，他们会在漫长的时间中找到属于自己的机会。在孩子成长的过程中，作为父母要看到孩子身上的优点，要知道孩子何时需要支持和鼓励。父母作为孩子的依赖，他们进步的动力多来自父母的鼓励和支持，只有父母不断的支持，才能促进孩子更好地面对社会和未来。

正面管教

在孩子成长的过程中，父母要不断地鼓励孩子去尝试新鲜的事物。在孩子不断地和新事物接触的过程中，他们才能学会如何和世界相处，当他们见识了更多的事情，他们才能更好地看待生活和磨难。

让孩子做一些力所能及的事

父母要给孩子成长空间，就要让孩子去做一些力所能及的事情。父母一味地骄纵和溺爱是起不到任何作用的，这样的爱不利于孩子的成长。孩子要成长为一个合格的社会人，本身就要对自己的行为和生活有把控的能力。

父母要让孩子做一些力所能及的事情，当孩子在生活中遇到问题，父母不妨稍微松开手，让孩子自己去解决。在孩子的承受能力范围内，可以自己去做的事情，父母一定不要插手。这个时候，正是锻炼孩子的时候。

父母过度干预是不可取的

孩子在父母的眼里永远都是小孩子，父母担心孩子不能完成一些事情，以至于事事插手。最后导致孩子在很多事情上没有自我处理的能力，这样的孩子势必会在未来的社会中受到更多的磨难，同时也非常不利于亲子关系的和谐。

一位母亲为了她的儿子尽心尽力，但是最后却总是吃力不讨好，儿子越来越叛逆，也越来越不愿意和母亲说话。心灰意冷下，这位母亲去找了心理医生。

医生问道："当你的儿子第一次系鞋带的时候，是否打了一个死结，从此以后，你就再也不给他买带鞋带的鞋子了？"母亲点了点头。

医生又问道："当你的儿子第一次整理自己的床铺时，用了很长的时间，你是不是看不过去，以后都是你替他叠被子？"母亲很是惊讶，但还是点了点头。

医生继续说了下去："儿子大学毕业了，你怕他找不到工作，就托人给他找了一份好工作。你担心他娶不到媳妇，担心他以后的日子不好过……"

这位母亲很是惊讶，从椅子上站了起来，问道："这些你是怎么知道的？"医生说道："从那根鞋带知道的。"这位母亲忧心地问道："那我以后该怎么办？"

医生回答说："他生病的时候，你最好带他去医院；他要结婚的时候，你可以先给他买好房子；他没有钱的时候，你可以在最后关头及时把钱给他送过去。这是你今后最好的选择，别的，我也无能为力。"

案例分析：

这位母亲不肯放手让儿子自立，让孩子最终成为"母爱"的牺牲品。母亲对于孩子保姆式的养护，很多时候剥夺了他们动手的机会，抹杀了他们的独立意识，甚至把孩子的基本生存能力都抹杀了。这样的过度关怀是不可取的，对于家庭和孩子来说，都是不可行的。

父母的过度干预，让孩子没有机会去做一些力所能及的事情。孩子不可能第一次就把任何事情都做得完美，但是当孩子在尝试去做一些事情时，父母要多鼓励孩子去做，而不是亲自动手去帮助孩子做。

父母可以偷个懒

让孩子去做自己的事情，实际上也是让父母适当放手，适当去偷懒，直到孩子需要帮助，或者事情进行不下去的时候，父母可以出手帮助孩子渡过难关。

小乐的爸爸是一个很会“偷懒”的爸爸，周围的邻居都帮着孩子做事情的时候，小乐的爸爸总是站在一旁看着小乐，让小乐自己去做。小乐小的时候，走路不稳，动不动就跌倒，每次哭着让爸爸抱的时候，小乐爸爸就笑着鼓励小乐，让小乐自己爬起来。

长大了些的时候，有时小乐的运动鞋脏了，小乐妈妈要给小乐刷鞋子，爸爸却阻拦说：“让他自己刷吧。”于是小乐便自己刷鞋子。上学后，小乐写作业不认识字，就去问爸爸，爸爸说道：“自己要学会查字典，这样才记得牢。”

每当小乐写作业遇到难题的时候，小乐爸爸也不会直接说作业该怎么做，只是说：“你先搞清楚已知条件和未知条件的关系吧。”

小乐玩儿玩具的时候，总喜欢拆一下，不管是汽车模型还是玩具电子狗，都喜欢拆开看看。小乐爸爸对此很少阻止，反而还跟着小乐一起，并学着原封不动地装回去。

小乐的爸爸喜欢听收音机，一天，小乐的爸爸说了一句：“怎么才换的电池，收音机就不响了呢？”小乐说道：“可能是出毛病了吧！”于是，小乐的爸爸就让小乐试着修理，并且还给小乐找来了万能表。等到小乐按照收音机安装线路图找到问题的时候，心里美得不得了。

案例分析：

在小乐的成长过程中，小乐的爸爸很少主动去干预小乐的事情。很多时候，甚至不去帮助小乐做。但是在小乐爸爸放手的这段时间里，小乐的个人能力得到了很大的提升，在自己的能力范围内，小乐学到了很多的知识。

也许孩子会在最初的时候，对父母的放手有些抱怨，但是当孩子学会真正的本领、增长了知识，也就理解了父母当初的良苦用心。当孩子知道父母的懒不是真正的懒，而是给孩子留下了自己动手动脑的空间，这个时候，孩子才会理解父母真正的苦心。

让孩子自己去飞

对于孩子来说，父母一定要从一开始的时候就对孩子进行自立教育。不要怕孩子吃苦，更不要怕孩子做不好，孩子只有不断地在实践摸索，才能够做成一件事情。当孩子完成一件事情，并在这个过程中获得成就感，才能有信心和勇气去进行下一件事情，当孩子在不断的尝试中获得成功，他们的自信心也就建立起来了，他们才能够在未来成为更好的自己。

正面管教

让孩子做一些力所能及的事情，不仅仅是为了让孩子能够学会更多的生活技能，也是为了锻炼孩子的意志力和耐力。孩子在自己做事情的时候，能够在其中感受到困难，也能收获到成就，这样的历程对于他们来说，是十分重要的。

生活并不会让人总是舒服

人的一生不可能是一帆风顺的，漫漫人生路上，往往是悲喜相伴，苦乐相掺，有时候挫折坎坷甚至比平坦喜乐更多。每个人都是在不断地认识挫折、战胜挫折的过程中成长和发展的。只有在挫折面前经受住了考验，才能成就不平凡的人生。

生活并不总是让人舒服，父母要让孩子从小明白这个道理。如果孩子在生活的挫折和苦难面前止步不前，怨天尤人，结果就会一事无成，更为严重的是可能会付出生命的代价。孩子的心理是脆弱的，他们会承受不了生活中困难的打击，但是生活中存在的困难却不会因为他们承受不起而消失。

让孩子知道挫折是生活的一部分

很多时候，孩子们在家里面对的是父母的呵护，不管什么困难，父母都会给孩子解决掉，但是在社会上，有些困难是需要孩子自己去面对的。孩子的心理承受能力不能太差，当父母忽视了孩子的挫折教育，就会给孩子带来很大的打击。

大学毕业后，很多学生并没有及时找到理想中的工作，于是为了能够适应社会，最后只好先工作，再选择。李晓大学学的专业是金融类，但是因为面试的结果不太理想，所以李晓没有去。最后找工作的时间也拖了一个多月。李晓在最近的一次面试失利后，开始怀疑自己的能力，虽然接受了妈妈的意见先去一家民营单位工作，但是李晓却因为和单位同事不和而回来了。

妈妈询问了半天，才知道是李晓的问题。因为工作的事情让李晓不知所措，面对领导的指责，李晓承受不住打击。加上单位同事的冷淡，让李晓觉得工作很是难受。于是在当天就和领导提出了辞职。

案例分析：

李晓在面对工作中的一些挫折时，心理承受不了，她已经习惯了有爸爸妈妈在身边的日子，一旦自己在外面遇到磨难，就开始退缩和逃避。

很多时候，孩子身上出现这种悲剧，是孩子的心理承受能力太差，父母忽视了对孩子的挫折教育。当孩子的身上出现悲剧时，父母才会意识到对孩子意志方面的磨炼是多么重要。

让孩子在挫折中成长

对于孩子来说，挫折和失败是很好的学习机会，父母要学会加以利用，对孩子进行引导和启发。一方面，当孩子遇到挫折和失败的时候，父母不要谴责和恐吓，即便父母的出发点是好的，但是也要用温和的态度。不能让孩子因为害怕受责备而不敢冒险，因此失去了学习新知识、掌握新技巧的渴望。

天天暑假报名参加了西双版纳举办的夏令营，他是这届夏令营里年龄最小的同学，组织活动的老师和天天的爸爸妈妈都问他是否需要帮忙，他骄傲地回答说："我自己能行。"出发前，妈妈检查了天天的行李，发现他忘了带热带雨林宿营必备的一样东西——蚊帐。但是妈妈什么也没有说，只是嘱咐天天要听从夏令营老师的指导和安排。

两周后，天天回到家。妈妈问他：“在夏令营玩儿得开心吗？有什么收获呢？”天天回答说：“那里到了晚上到处都是蚊子，咬一口就是一个大大的红包。可是我忘了带蚊帐，根本没有办法睡觉。还好老师帮了我，没有多久就给我送了一顶。”其实，妈妈在发现天天没有带蚊帐后，早就提前告诉了领队老师。

天天的妈妈选择利用这个机会教导他：“在西双版纳的热带雨林里过夜，当然和家里是不一样的。你为什么不事先了解一些关于热带雨林的知识呢？这是必要的准备工作啊。还有，为什么不把老师和爸爸妈妈的叮嘱当一回事呢？你想一下，以后还会犯同样的错误吗？”接下来，天天的妈妈进一步“挖掘”下去，启发他：“条件允许的话，明年暑假，我们全家去新疆旅游。在这之前，你会做哪些准备工作呢？”天天陷入了深思。

案例分析：

妈妈没有对天天进行事无巨细的照顾，也没有替他准备好参加夏令营需要的全部东西，当天天在夏令营中遇到困难的时候，才能增强他的能力去处理问题，并且对于失败有了更深的感悟。妈妈让天天在挫折和失败中汲取经验教训，在不断地改进中积累勇气和智慧。

对于孩子，父母要树立这样的观念，不要担心孩子遭受挫折和失败，只要他能从中得到经验，学到知识，就是有意义的。这是孩子在成长过程中收获的最有价值的礼物。

生活有磨难，孩子当自强

生活中不可能没有磨难，孩子在社会中成长，就要增强抗挫折的能力，要自己去面对磨难的挑战。父母要适当放手，让孩子自己去摔跤，去成长，让孩子在挫折中激发内在的力量。给予孩子时间去思考和探索，孩子会在适度的挫折中经受锻炼，逐渐强大起来。

适当的时候，父母要给孩子“制造”出一些挫折来，适当的挫折会让孩子自立自强，因为他们要自己完成挑战，要自己去找出战胜挫折和失败的方法。这样孩子才会在将来的生活中，独自面对挫折的时候也能泰然处之。

正面管教

孩子要在磨难中成长起来，生活总不能是一直尽如人意的。孩子要知道这个事实，也要去适应这个事实。更为重要的是，父母要在这个过程中鼓励孩子，不能在孩子遇到挫折的时候，就马上替孩子解决。

过度富养孩子就会养成骄奢病

很多时候，经历过贫苦生活的长辈们，想要让自己的后代过上幸福的生活，就会尽可能地保障孩子的物质需求，父母不断地积攒财富，想在百年之后给孩子留下享之不尽的金钱。在这样的家庭模式下养出来的孩子，很容易有骄奢病。

在很多的家庭中，孩子出生的时候，已经拥有了很好的物质生活条件，他们不需要忍受贫苦，接受着来自父母的辛劳成果。而作为父母，想尽一切办法来宠爱孩子，却不曾想过要如何让孩子知道眼前的生活来之不易。

富养孩子也要适度

很多父母会觉得孩子得到的物质越多，人就会更加上进，会更加满足。但是事实上，当人们的需求和供给对等的时候，满足感与愉悦感才是最高的。当父母不为孩子提供成长中的供给，当孩子有一天失去这些供给的时候，他们会产生巨大的失落感。富养孩子，也需要父母把握尺度。

五十多岁的李先生是一家公司的老总，白手起家，几十年来经历了风风雨雨。所以对于自己唯一的儿子抱有很大的期望，李先生有着出色的经营能力和管理能力，但是却管不好自己的儿子。李先生的儿子小李正在上大学，但是却很少和家里人沟通。

李先生说："家里只有一个孩子，从小当成宝贝宠着。从幼儿园到小学、中学都是全市最好的学校，吃穿用度上从来也都是最好的。我就想着，不能让孩子像我那会儿上学的时候，因为家境贫困而有一种自卑感。孩子的成绩一般，所以就用物质刺激的方式来鼓励他上进。每次考试进步了，都能得到各种名牌衣服作为奖励，考上大学更是得到了一块价值上万块的手表。原来的零花钱也从几百块到大学时候的近万块，但是依旧不够花。”

李先生说小李很不上进，有一次小李放寒假回家，李先生问了问小李在学校的成绩，小李满不在乎地说道：“挂了几科而已，下学期再补考就好了。”李先生又气又急，当问到小李大学毕业后想要做什么的时候，小李说：“没什么打算，你早就说过公司要交给我打理，我还打算什么？”李先生很是担忧，对于寄予厚望的儿子，李先生生怕自己辛辛苦苦创下的家业会败在儿子手中。

案例分析：

李先生对于小李的物质满足一直很上心，但是却造成了富养过度导致小李对于挣钱没有辛苦的意识，而对于爸爸的期望，小李也没有很好的重视。小李身上有着很大的骄奢病，而养成这样的性子，跟李先生的教育方式息息相关。

中国有一句古话，说富不过三代。对于很多家庭来说，这是很现实的。当孩子在物质过分富足的生活环境中成长起来，他们无法独自张开羽翼迎接生活中的风风雨雨，一旦父母这把保护伞失灵，他们便会惊慌失措，不知道该何去何从。

告诉孩子金钱来之不易

父母养孩子的过程中，可以给孩子更好的生活环境，但是也要尽可能地让孩子知道挣钱是一件很辛苦的事情，金钱是来之不易的。只有当孩子知道金钱的重要性，并且明白挣钱的艰难，他们才会体谅到父母的难处，并对金钱有一定的认识。

一个男孩看到邻居家的小朋友有钢琴，自己也想要，于是整天缠着妈妈说这件事情。但是妈妈没有立刻满足他，在确认了男孩子确实对钢琴有兴趣后，妈妈认真地告诉他："钢琴很贵，要花很多很多的钱。妈妈要努力工作一段时间，攒够钱才能给你买。在那之前，你得等一等。"

一年过去了，男孩一直记得妈妈的话。当他再次提到要买钢琴的时候，妈妈故意面露难色，十分抱歉地对男孩子说："钢琴实在太贵了，妈妈还没有攒够钱，你能再等一阵子吗？"男孩虽然有点失望，但还是答应了。

等到向男孩子履行诺言的时候，这位妈妈从银行取出了2万元钱，还特意请银行工作人员将它们换成了10元一张的，然后把这一大堆钱带回家摆在男孩面前，告诉他想买一架钢琴要花掉这么多钱。男孩看到了，惊讶地张大了嘴。妈妈的苦心没有白费，男孩理解了一架钢琴的价值，不仅很自觉地加以爱护，学起琴来也非常认真。因为这是妈妈辛苦工作很久之后，用很多的钱买来的。

案例分析：

对于男孩子来说，一开始他是不理解买一件东西要花掉很多钱的，他是没有明确意识的。但是当一大堆钱摆在眼前的时候，他就会突然醒悟。这位妈妈用这种方式让男孩子懂得了金钱的来之不易，这样男孩子会更加努力地学钢琴，也能正确地看待金钱。

父母要让孩子知道金钱的得到是需要通过辛苦工作而来的。要让孩子懂得珍惜，更要学会尊重父母的劳动成果。只有孩子的内心清晰地认识到金钱的来之不易，才能更好地看待生活中的消费，在力所能及的范围内，他们会明白节约的重要性。

孩子需要更好地看待生活

孩子在生活中，对人对事，很多时候避免不了要花钱，在这个过程中，孩子对于金钱的认识会更加明显。孩子要更好地对待生活，家里能够给予的很多时，孩子要学会节约；当家里给予不了很多的时候，孩子要学会知足和努力。

富养孩子，不仅仅是要在物质生活上富养，更多的是思想上的满足，只要思想达到足够的高度，才能让孩子的成长之路更为精彩。

正面管教

父母要让孩子明白金钱的来之不易，更要正确地去富养孩子。一味地满足孩子的物质需要，只会让孩子养成骄奢的习惯。富养，更多的是精神的富足，父母要教育好孩子，更要把自己的心态摆正。

远离攀比，避免孩子从小“拼爹”

攀比心理是一种“别人有自己也要有，别人好自己更要好”的比较心理，其中隐含着竞争、好胜的心理成分。每个人都有攀比心理，只不过有些人能够正确地控制，理智地运用。而成长中的孩子，因为年龄小的原因，依旧缺乏判断标准和自制能力，是很难控制自己的攀比欲望的。

当父母面对孩子的需要，一味地满足孩子的攀比心理，只会助长他们的贪婪欲和虚荣心，而当这种欲望膨胀到一定程度的时候，孩子无法从家长那里得到满足，就会产生受挫心理。有些孩子为了继续满足自己的心理需要，不惜走上违法犯罪的道路。

过分的攀比会伤人伤己

现代生活的条件越来越好了，在家庭允许的范围内，父母让孩子吃好穿好，努力让孩子上重点学校，这都是无可厚非的。但是当父母凡事喜欢向“钱”看，把金钱和地位、名车、豪宅视为衡量成功与否的标准，成长中的孩子受到父母这种潜移默化的影响后，如果再缺乏正确的引导，就很容易发生与人攀比的现象。在孩子和外界不断攀比的过程中，最终只会伤人伤己。

在北京中关村的一家电子卖场里发生了这样的一幕：一家苹果电子产品销售店门前，一个女孩抱着一台平板电脑，一脸愠色。在离女孩不远的地方，一位中年女子蹲在地上，不时地抽泣。原来，这个女孩马上就要去外地上大学，今天是特意和母亲一起过来买数码产品的，还指明非要苹果的，而且必须是高配。超过两万元的支出让女孩的母亲觉得有些吃不消。

女孩在一旁喊道："不给我买，就等着我在大学里丢脸吧。"母亲在一旁辛酸落泪，但是却无可奈何。一旁的销售人员上前劝阻，但是女孩不为所动，怀里抱着平板电脑，死活不肯松手。商家人员表示，每次开学季，高端的数码产品成了学生的宠儿。他们盲目地追求高端配置，什么都是挑贵的买，对于销售人员的劝阻还不以为然。面对孩子的选择，很多父母都表示很吃力，但是最终还是选择了顺从。

案例分析：

由于孩子的攀比心理才造成了这样的局面，上大学，就必须要带苹果电脑，否则就是丢人。这样的逻辑在女孩眼中反而成了坚持，女孩完全不顾母亲的为难和家庭的实际情况。攀比心理已经让她看不清现实，也看不清自己和未来。

孩子身上有着这样的攀比现象，有些时候父母会觉得这些事情不足挂齿，但是往往小问题会变成大问题。当孩子过度地攀比，最终的结果只会是伤人伤己，孩子因为得不到满足而内心不平衡，很大程度上会影响生活和学习。而亲人也会因为孩子的需求而伤心，争吵就会发生。

孩子不能从小"拼爹"

"拼爹"这个词在现在看来已经不是什么新词了，这是对于一些社会现象的谴责。很多孩子在父母的娇生惯养下，有了"拼爹"的毛病，从小要风得风，要雨得雨，然后仗着家里的权势和地位，在学校或者社会上嚣张跋扈。

巧巧小学马上就要毕业了，眼看就要上初中，周围同学的父母也在竭力想办法让孩子去重点初中。巧巧的好朋友乐乐周末也开始上补习班，巧巧依旧在家玩耍。有一次乐乐跟巧巧说在补习班的课程很繁重，但是爸爸妈妈却依旧让她去。巧巧放下手里的玩具，趾高气扬地说道："我就不去补习班，我爸爸说了，等到报名的时候，直接给我报名，开学就能去。我才不像你们一样，拼命往里考。"

乐乐有些吃惊，乐乐知道巧巧的家里很有钱，但是却不知道巧巧的爸爸连上学都给巧巧安排好了。乐乐看着自己的作业，陷入了深思，晚上放学回家的时候，乐乐有些不开心。妈妈问了一番，才知道了原因，乐乐说道："为什么人家爸爸就能让孩子"走捷径"去学校，我非要辛苦写作业才可以？"妈妈很气愤，但是此时也只能安抚好女儿。于是说道："乐乐，你要知道，不管是谁的爸爸妈妈，都会老去，这是常理。你要学会为自己奋斗，等到一天爸爸妈妈不在你身边的时候，你能够保护自己还有你的家人。你今天所学习的一切，是为了让你自己未来更好。你告诉妈妈，你难道不想自己去看看外面的世界吗？"

乐乐想了想，点了点头，说道："我知道了，妈妈，我会自己考上初中的。"妈妈笑着摸了摸乐乐的头。

案例分析：

乐乐和巧巧的情况就是自小的"拼爹"现象，在"拼爹"上，孩子会因为父母的身份地位产生落差感。当孩子在这方面感受到差距，就会在其他方面来寻找满足感。乐乐的妈妈及时发现了这个问题，对乐乐动之以情，晓之以理，最后才把乐乐安抚好。

“拼爹”是不可取的，特别是对于小孩子来说，这样会大大提升孩子的攀比心，一旦孩子在这上面感觉到失败，就会对家人父母产生怀疑。这样的落差感，非常不利于孩子的成长。如果父母不能及时发现孩子在这方面的问题，很可能导致孩子心理问题的出现。

父母要控制孩子的攀比心

父母要教会孩子正常地竞争，但是绝对不能过度。要让孩子知道，每个人的需求是不同的，一切要根据自己的需要来进行选择。父母在控制孩子的攀比心上，要及时拒绝孩子的不合理要求。作为父母，当孩子进行竞争的时候，也要时刻关注，积极的竞争会促进孩子的成长，但是消极的负面的竞争会大大降低孩子的自信心。

父母要鼓励孩子通过自己的努力或者是劳动来获得想要的东西，让孩子切身体会到满足攀比欲望需要付出的代价。同时，父母也可以通过媒体报道、社会实践等方式让孩子了解家境困难的孩子是如何奋发图强的，让孩子在比较中学会珍惜和感恩。

正面管教

孩子要远离攀比，这样才能在健康的生活环境中茁壮成长。远离攀比，能够减少孩子在心理上的落差感，而对于孩子来说，攀比心理的降低，也能在很大程度上让孩子懂得努力的重要性以及正确竞争的上进性。

奖励方式不能一味地只是物质奖励

很多时候，父母会用物质奖励的方式让孩子去认真学习，适当的物质奖励会让孩子上进，但是一旦物质奖励过度或者是物质奖励不能再满足孩子的欲望时，孩子就会朝着父母期望的相反方向发展。

奖励孩子可以，但是过度的奖励会带来很多的问题。因为过度的外在物质奖励，导致孩子失去了内在的学习动力，也阻碍了学习动机的形成和发展。当孩子的内在动力不足的时候，父母可以采取外在激励的方式刺激孩子的内在，但是当父母不断加强外在激励去触发孩子的内在潜力时，长此以往，就会导致孩子的内在动力不足。

物质奖励要适当

父母对于孩子的物质奖励要适当，孩子在成长的过程中处于幼小时期，对于学习还没有足够的认知，这个时候，父母可以给孩子适当的物质奖励，以促进孩子学习。但孩子成长到一定的年龄段，就要让孩子自己去体会求知的快乐，父母这个时候就可以逐渐减少或者停止外界的物质奖励。

小红上小学一年级，因为成绩一般，小红的妈妈就想着通过一些激励手段来让小红认真学习。于是在一年级的时候，妈妈每次在小红考试前，都会和小红说这一次考好了会得到什么奖励，小红刚开始也为了这些奖励而尽力学习，于是每次考试结束也都得到了很好的奖励。随着小红不断长大，小红的要求也越来越高，从刚开始的零食玩具，到上初中开始要好看的衣服。只要妈妈不答应，小红就不想去学习，也不好好考试。

妈妈很是无奈，当小红上初二的时候，想要让妈妈奖励一部手机。妈妈很是吃惊，但是小红说期中考试会考进全班前五。妈妈听到这样的话，心里还是高兴的，但是对于小红的要求，妈妈有些为难。妈妈的工资不高，小红爸爸的工资也不是很高，除了日常开销，剩下的也不多。于是妈妈说道："家里最近有些紧张，要不换一个奖励怎么样？"

小红一听到这个话，脸色立马拉了下来。然后就坐在沙发上不说话，妈妈做好晚饭，叫小红来吃饭的时候，小红依旧不是很开心。妈妈觉得这一次不能再这样下去了，于是就没有管。直到学校考完试，小红妈妈才接到老师的电话，说小红竟然没有参加考试。妈妈很是惊讶，等到小红回家的时候，妈妈才问小红去了哪里，小红开始不说，直到妈妈发火的时候，小红才说去兼职了，想要自己买手机。妈妈很生气，也开始反思自己的教育方式，想着接下来一定要改变。

案例分析：

小红的妈妈一直用物质奖励来刺激小红的学习，但是最后的结果却让小红成了一个不会主动学习的人。物质奖励从一开始的日常生活用品，到后来的贵重物品。小红的欲望越来越大，而妈妈也在小红的欲望中力不从心。

父母在给孩子进行物质奖励的时候，要适度，不能因为孩子想要就给孩子。一旦养成这样的习惯，孩子就会无休止地索取。父母在提供物质奖励的过程中，也会从开始时候的欢心，到最后的力不从心。过度的物质奖励，不管是对于孩子，还是对于父母，都是一种伤害。

避免过度的物质奖励

父母想要避免过度的物质奖励，就要做到以下几点，在给孩子的奖励中，不能滥用，不管孩子什么情况都给孩子奖励，这是不对的。奖励的方式可以多样化，除了物质奖励，言语上的奖励以及精神上的鼓励也是可取的。当孩子自我成就或者自我满足达成时，孩子自身会找到一种愉悦感，当他们的自尊、自信得到提升，他们会在这种感觉中不断进步。

可可的数学成绩一直不好，因为他非常厌恶数学课上的无聊，也不喜欢那些数字和图形的排列组合。爸爸妈妈很是着急，也请了家教来给可可补习，但是可可的成绩依然没有什么进步。妈妈也尝试了用物质奖励的办法来激励可可学习，但是后来发现效果并不是很好，所以才停了下来。有一次妈妈回家的时候，看见路边开了一个奥数班，妈妈突然有了主意。

回到家的时候，妈妈和爸爸说道："我刚才在门口看见一个奥数班，我小时候最想去的地方就是那里。听说在那里学习的学生都很开心，重要的是那里的数学老师都很幽默。"可可在一旁听着，但也没有发表意见。妈妈于是和可可说道："可可愿意明天陪妈妈去听一下吗？爸爸明天要加班啊。"可可有些不情愿，但是看着妈妈期盼的眼神，还是答应了。

第二天，可可跟着妈妈去了奥数班，妈妈提前和老师打了招呼，所以老师也很配合地没有过多问可可问题。一节课，妈妈装作不是很懂的样子，就问了可可很多问题，加上老师的配合，可可也解决了很多问题。妈妈和老师都夸奖可可，老师还在班级中夸了可可，可可看着望过来的目光，笑得很是开心。回家的路上，可可跟妈妈说，想要再去一次，妈妈暗中高兴。

案例分析：

可可不愿意学习数学，于是妈妈在物质奖励之余也给了可可足够的精神鼓励。当可可在学习中找到了成就感，也就愿意去学习。这是在物质奖励之外得到的精神奖励，会让可可更加上进。在避免了过度的物质奖励后，妈妈也为可可找到了恰当的奖励方式。

当孩子在事件中取得了成功的经验并得到了快乐，会让孩子从内心开始想要学习，想要去接触新的事物。只有孩子内在的坚持和动力才能让孩子往更好的方向发展，精神上的奖励会成为孩子真正进步的动力。

父母要着重看待孩子的内在潜力

父母要更加注重孩子的内在潜力的挖掘，物质奖励虽然会有效，但却不是长久之计，只有当孩子从内心真正意识到做事的快乐，才会有足够的力量来应对过程中的困难。父母可以进行适当的物质奖励，但是要知道物质奖励不过是开启孩子内在潜力的钥匙，父母要真正看到孩子的内在潜力才能让孩子更好地成长。

正面管教

父母给予孩子奖励是无可厚非的，因为孩子在成长阶段中是需要奖励的，但是一味地进行物质奖励会让孩子深陷其中，当孩子的欲望不能得到满足，心理就会产生落差，甚至会对物质奖励产生依赖性。父母要合理控制对孩子的物质奖励，并且深入去挖掘孩子内心的潜力。

LOGICAL PERSUASION

第三章

左手规矩右手爱，“熊孩子”也能变自律

教育孩子，要让孩子遵守规矩。没有规矩的爱，对于孩子来说无疑是裹着糖衣的砒霜。孩子需要成长，在成长的过程中，规矩对于孩子来说是十分必要的，因为好的规矩，能够让孩子避开很多的陷阱。更为重要的是，规矩的存在，能够让孩子更好地和世界相处，让他们在社会中更为优秀的成长。

尽早立规矩，将来不吃后悔药

给孩子立规矩宜早不宜迟，对于小孩子来说，越是早点定下规矩，越能成为孩子用心遵守的规则。在孩子成长最敏感的时期，是他们习惯和道德养成的最关键时期，如果父母总是认为孩子还小，就推迟树立规矩，那么孩子长大后也很难遵守规矩、遵守公德。

给孩子定规矩，是为了让孩子学会遵守，更是为了让孩子在未来的道路上能够遵守社会上的规矩。规矩是用来规范自身行为的，是用来让孩子朝着正确的方向前进的。

规矩是孩子成长的量尺

孩子虽然小，有些道理并不能明白透彻，但是父母的态度他们还是能够看懂的。假如父母的态度坚决，他们就知道哪些事是不能做的，哪些事是能做的，久而久之，规矩也就相应被树立起来。父母不要以为孩子还小，就不必立规矩。

欢欢在外面玩儿了一身泥回到家，刚一进家门，爸爸就急匆匆地跑了进来：“快点儿！赶紧跟我走！”

“去哪里啊？”妈妈问道。爸爸说自己单位的徐主任请客，点明要让孩子和妈妈一起去。还说他家孙子也在，两个孩子正好一起玩儿。妈妈说欢欢玩儿的太脏了，见客人不礼貌。欢欢也附和说道：“爸爸，你不是说去见客人要注重礼节吗？要干干净净的才行。”

爸爸说道：“事有轻重缓急，欢欢，徐主任可是爸爸的领导，让他一直在楼下等着不礼貌。衣服嘛也不是很脏，妈妈赶紧拿块毛巾给擦擦就好了，欢欢还小，大家才不会计较的，快走吧！”在爸爸的催促中，妈妈只得带着欢欢匆匆下楼，而欢欢呢，不用洗手、洗脸，也不用换衣服，可以省去很多麻烦。

两个孩子年龄相仿，一见面就玩儿在了一起，一直到吃饭结束，还舍不得分开。妈妈看看时间，已经九点多了，于是提醒爸爸，爸爸说：“急什么，反正明天也不上学。两个孩子正玩儿得开心，我和徐主任也还有话没有说完，再等等。”妈妈焦急地说道：“可是欢欢明天早上还有八点半的绘画课。”爸爸说：“不就是个培训班吗？那么认真干什么？偶尔缺一两节课也不要紧。”

妈妈有些生气地说道：“你这不是纵容孩子无故旷课吗？”爸爸笑道：“孩子才上幼儿园，旷什么课？哪有那么严重？等他上小学再好好立规矩就行了！”欢欢听到了，也跑过来说道：“对呀，妈妈，我还小呢！等我上小学了，再给我立规矩也不迟。”

案例分析：

孩子虽然小，但是他们却很认真，当父母总是以“孩子还小”为借口时，他们也学会了以此为借口逃避规则。孩子的好习惯养成是需要时间的，而坏习惯一旦养成，要想改掉就需要费一番周折。所以，给孩子树立规矩要尽早，千万不能拿“孩子还小”给自己的随心所欲和孩子的随心所欲当借口。

规矩要尽早立，这样孩子才能意识到规则的重要性，在孩子还小的年纪中，他们对于父母是相信的，也是敬畏的。在他们还没有完全和社会接触的时候，也是塑造人格的最好时候。就像初生的树苗，这个时候园丁对树苗进行塑造最合适。等到树苗长成参天大树的时候，你想要再次修剪，便不好下手。

父母不能不给孩子定规矩

很多时候，父母不清楚需要什么时候来给孩子树立规矩，本着爱孩子的原则，想要纵容孩子玩儿几年。但是在这几年的时间中，如果孩子没有得到有效的管束，之后的行为举止是否符合实际发展，就已经不是父母能够控制的了。

子瑞在上幼儿园之前一直在家玩耍，因为家里只有一个孩子，爷爷奶奶很是疼爱小孙子。妈妈每次都想要子瑞做一些事情的时候，爷爷奶奶就阻拦，有时候干脆自己动手帮助子瑞去做。最后妈妈也没有办法，想着孩子大一点的时候再给孩子定规矩。直到子瑞上幼儿园的时候，妈妈发现孩子有不少坏习惯，从来不自己收拾东西，什么都需要大人来做。在幼儿园总是动小朋友的东西，但是从来不经过别人的同意，老师和妈妈说过一次。回家的时候妈妈也和子瑞说了。但是奶奶在旁边说道：“哎哟，小孩子嘛，总是好奇一些的。以后长大了就自己懂得了。”于是子瑞又被奶奶带走了。

妈妈很是不甘心，虽然也和丈夫商量过，但是丈夫也觉得孩子长大些就好了。妈妈在丈夫和婆婆的话中无可奈何，但是心中已经想着要给孩子定下规矩。之后的日子里，妈妈给子瑞定了不少的规矩，但是孩子仗着爷爷奶奶的宠爱，对妈妈的规矩完全不放在眼里。子瑞渐渐长大，等到上小学的时候，孩子身上的坏毛病越来越多。同学对子瑞的疏远，让子瑞的性格变得暴躁，子瑞控制不住情绪，经常和班里的同学争吵，好几次惊动了家长。这个时候，爸爸才开始后悔，当初就该早早地给孩子定下规矩的。

案例分析：

子瑞身上的问题存在于很多孩子身上，因为父母和亲人的溺爱，导致不愿意让孩子受到过多的束缚。正是因为没有规矩的束缚，才导致子瑞出现了如今的情况。没有规矩的管辖，成长缺乏了尺度。

孩子在成长的过程中，势必是要遵守规矩的，这是对孩子有好处的。父母不能因为自己的溺爱就不让孩子遵守规矩，也许一开始得到了很多的欢乐，但是随着不断长大，孩子身上会暴露出更多的问题，而这些问题，会让孩子受到伤害。

父母要尽早对孩子进行管束

孩子不懂事，父母还不加以管束，等到孩子出现问题的时候，父母才想起来要管孩子。这个时候后悔是来不及的，父母作为孩子的监护人，更多的时候是要帮助孩子正确地认识世界和看待社会。规矩作为孩子在认识世界过程中的助手，不仅仅是为了让孩子能够在这个过程中懂得和世界和平相处，更是为了让自身能更加自由地发展。

正面管教

给孩子定下规矩，就要让孩子意识到自己必须要遵守规则才能得到一些东西。不遵守规矩要受罚，这对于孩子来说，是至关重要的。在整个执行规矩的过程中，孩子也许会反抗，也许会不耐烦，但是作为父母一定要坚持。孩子不懂得遵守规矩，但是父母一定要知道遵守规矩的重要性。

规矩要明了，信号要明确

俗话说“无规矩，不成方圆”，尤其是对于活泼好动的孩子来说，好的规则意识能够帮助其更好地成长，为孩子将来更好地适应社会打下坚实的基础。制定规则，是每一个家庭都必须要进行的，在制定规则中，规则要简单清晰，更要有明确的信号。

规则要让孩子遵守，就要让孩子知道这个规则具体是为了什么，要让他们从心底清晰地认识到规则的重要性。由于孩子的年龄小，孩子要想清晰地认识到规则的重要性，父母就要把规则定的让孩子易于理解。但是在制定规则的过程中，要注重策略。在制定规矩的时候，要严肃认真，要想让规则产生效果，一定要本着严肃、认真的态度。既然要求遵守，就不能以漫不经心的态度来制定规则。一旦这样做，孩子在执行规则的过程中，就会变得拖拖拉拉，懒散的态度会影响孩子之后的行为。

规则要可行

除此之外，父母制定好的规则，一定要合理，要让规则可行。越是简单有效的规则，就越是管用的规则，要让孩子从根本上认识到规则是紧要的，不是父母随口说说，是必须要落实到实处的。当父母在执行规则的时候，要严格，最后是进行惩罚后果的时候，给孩子一个提醒，要让规则变得有警示作用，而不是仅仅为了惩罚。

浩浩最近有一个毛病，就是赖床，虽然每次前一晚上浩浩都要让妈妈叫他起床，他也信誓旦旦地保证一定会起来，可是到了第二天早上，浩浩又变成了起床困难户，他总是把自己的承诺忘得一干二净，妈妈为此感到很是头疼。

一天早上，到了起床时间，浩浩还在睡觉，妈妈过去敲了敲房门命令道："浩浩，快起床！"浩浩迷迷糊糊地回答："我马上就起床。"然后翻了个身就睡着了。过了一会儿，妈妈看到浩浩还没有动静，于是又去催他，浩浩嘟囔着"起来了，起来了。"结果倒头又睡了过去。十分钟后，浩浩还是没有起床，妈妈看了看表，直接推门而入，对着浩浩大声说道："两分钟内，你要是还起不来，我就掀被子。"浩浩烦躁地坐了起来，在床上哭闹个不停，嘴里还嘟囔着不去上学了，妈妈更生气了。一场亲子之间的战争就这样爆发了。

案例分析：

很多孩子都有赖床的毛病，就像浩浩一样，也许头一天晚上还在信誓旦旦地保证，但是第二天就完全忘记了自己的誓言。当妈妈去催促的时候，几乎每次都是以失败告终。因为在这个时候，父母越是催促，孩子越是烦躁，最终就会导致矛盾的爆发。

对于父母来说，让孩子执行自己的命令是最难的，一方面是孩子的性格使然，另一方面也是对父母下达命令这一行为的抗拒。因此，父母要孩子在执行规定之前提醒一下孩子，给予孩子一个接受规定的缓冲时间，那么让孩子执行规定就不会那么困难了。

制定规矩也要提前约定

制定规矩，要提前和孩子约定好。比如要孩子起床，和孩子约定好起床的时间，让孩子做好心理准备，这样可以减少孩子的抵触心理。在父母执行最终的惩罚措施之前，可以不断地提醒孩子会有最终的惩罚，这样才能让孩子主动地按照规矩做事。有惩罚，自然也会有奖励。如果孩子能够乖乖地按照父母所要求的去做，最好的方法就是在执行规矩之前提醒一下孩子，如果遵守了规矩会得到哪些奖励，通过奖励的方式让孩子自觉去遵守规矩。通过奖品等一些形式让孩子遵守规矩，潜移默化中，孩子对规矩的遵守就更能自觉了。

海涛上小学后，渐渐迷上了电子游戏。妈妈说过几次，发现孩子也就是表面听听，但还是自己偷偷打游戏。对此，妈妈和海涛定下了规矩。游戏可以玩儿，但是必须要在写完作业之后。每天只有一个小时的时间，超过了时间，第二天的游戏时间就减少半个小时。海涛刚开始很开心，因为终于可以痛快地打游戏了。一天放学后，海涛赶紧写完了作业，然后拿着手机打游戏。快一个小时的时候，海涛妈妈提醒了海涛。海涛正玩儿得起劲儿，于是说道：“马上就要赢了，妈妈，给我点时间。”妈妈这个时候，也没有说什么。转身去做自己的事情。等到海涛来找妈妈的时候，已经超过规定时间五分钟了。

妈妈说道：“根据规定，你超时了，而且你超过了五分钟。所以，你明天只有半个小时的时间。”等到第二天，海涛玩游戏刚到半个小时，妈妈便上前来收手机。海涛只好不情不愿地交了出去，但是已经没有前段时间的强烈抗拒。慢慢地，海涛已经能够控制自己玩游戏的时间了。

案例分析：

海涛的妈妈和海涛定下了规矩，让海涛自己来定下游戏时间，并且遵守到底。期间海涛违规，但是妈妈坚决执行，因为之前的商量起到了作用，海涛也渐渐认识到自己要遵守的规矩。正是规矩的存在，才让海涛养成了好习惯。

没有一个孩子喜欢受到惩罚，父母在执行最终的惩罚之前先要提醒一下孩子，告诉他们不遵守规则的后果，这样孩子就不会轻易地违反规矩。

让孩子接受惩罚

选择惩罚时，最好是选择对孩子来说讨厌的一些惩罚。在执行规矩的过程中，父母应该试着把决定权交给孩子，让孩子选择遵守规矩得到好处，还是违反规则接受惩罚。当孩子自己去选择一些事情的时候，不管是哪种结果，他们都会坦然接受。

正面管教

规矩是家里的成员一起制定的，是为了给孩子创造更好的成长环境。对于规矩的适应和遵守，要让孩子知道其中的意义，更加重要的是要让孩子养成遵守规矩的好习惯。只有在这样的基础上，才能让孩子从内心深处对规矩有一个清晰的认识。在家里要遵守家里的规矩，在外面要遵守外面的规矩，要让孩子知道，社会中的规矩更是必须要遵守的。

谁也不能破坏规矩

“无规矩，不成方圆”，规矩是约束人们成长和生活的准则。每个人在社会中都必须要遵守一些规则。当规则被确立的时候，不管是谁，都不能破坏。在家庭中，规矩的确定，是对孩子的考验，同时也是对父母的考验。

规矩制定出来的时候，或许是为了孩子，但是作为父母，一样需要去遵守。因为在孩子认知的年纪中，他们会按照父母的样子来学习。

父母是孩子的表率

当你谨慎遵守规则的时候，你也能够从中得到成长，而孩子以你为榜样，更加能够遵守规则。所以，要求孩子遵守规则之前，父母先要有规则意识，以身作则，并严格要求和督促孩子，这样让孩子遵守规则会更加容易。

最近洛洛迷上了手机，刚开始的时候，妈妈没怎么在意，后来妈妈发现洛洛总是匆匆应付完事，做事情也磨蹭，直到出门的时候才慌忙去换衣服，拿东西。洛洛放学回家，有时候喊他好几声都听不见。所以，妈妈就和洛洛商量着制定一个规则：周一到周五只能玩儿半个小时的手机，周末可以玩儿一个小时。洛洛虽然不情愿，但是迫于妈妈的威严，只好答应。刚开始的时候，洛洛还遵守规则，后来会趁机在妈妈做饭或者休息的时候偷偷去玩儿。

有一次妈妈有点累，不知不觉间睡着了，洛洛大着胆子拿出手机又玩儿了起来，妈妈睡醒后看着洛洛盯着手机屏幕出神，妈妈很是生气，于是对着洛洛一顿批评。而洛洛也不甘示弱地反驳道：“你们一天到晚都在玩儿手机，为什么我只有半个小时？”这句话说完，妈妈愣在那里，反思了一下自己的行为，自己总是在玩儿手机，还怎么让孩子去遵守自己设立的规矩呢？后来爸爸妈妈和洛洛约定，回家后家里的所有人只能玩儿半个小时的手机，一个月后，妈妈发现，不仅是洛洛，全家人对手机的依赖程度都得到了很大的改善。

案例分析：

制定好规则后，父母就要有规则意识。规则是用来遵守的，是不能被改变的。不管是谁，都要在规则内约束自己的行为，作为父母更是要以身作则。洛洛的行为违反了规则，但是作为孩子，他更加注重父母的表率作用。

想要让孩子遵守交通规则，就不要拉着孩子去闯红灯；想要孩子变得礼貌，自己就要使用文明用语。规矩定下，就要全家人一起去维护。不能因为父母的身份来违反规则，在执行规则中，要说到做到。规则之所以有约束力，是因为规则是不可被随意更改的。如果一再地更改规则，或者是取消规则，想让孩子遵守规则就会难上加难，甚至会让孩子对规则产生迷茫感，无从做起。

规矩不能被改变

规矩之所以是规矩，是不能够被随意改变的，在孩子的眼中，一旦规矩被动，他们就会认为规矩也是可以被破坏的。很多时候，父母会心软，因为孩子的哭闹让父母退让，然后规矩就会等同虚设。

不断破坏规矩，使规矩不断地更改，最后就会让规矩失去效用，让孩子的任性得逞。

一个周末，爸爸妈妈带着琳琳去公园玩儿，出发之前爸爸和琳琳说：“到了公园要听话，我们是去逛公园，不是去买东西。不能见到什么就要什么，知道了吗？”琳琳点头表示同意。可是在逛公园的时候，琳琳在一个卖风筝的小摊前不肯走，非要买一个。爸爸正要去训斥琳琳。却被妈妈拦住了，妈妈说既然已经出来玩儿了，自然是少不了要买点东西的，于是给琳琳买了风筝。不一会儿在经过一个卖棉花糖的小贩身边，琳琳又要吃棉花糖，妈妈觉得买个吃的也是应该的，于是琳琳得到了一个大大的棉花糖。就这样，等到他们逛完公园的时候，爸爸妈妈手中塞满了琳琳买来的玩具，爸爸妈妈无奈地摇了摇头，本来是计划逛公园的，结果成了逛商场。

案例分析：

琳琳的妈妈破坏了原本的规则，妈妈因为琳琳的哭闹而妥协，最终导致一开始的规则全部被破坏掉。更为重要的是，在以后的日子里，即使爸爸妈妈定下严厉的规则，琳琳也不一定会遵守。

规则在被制定之后，很忌讳朝令夕改，这样的话就会让孩子有空子可钻。孩子不把父母设定的规矩当一回事，认为只要自己撒娇或者哭闹就可以得到他们想要的东西。当孩子抓住父母的软肋，认为规则是可以为自己改变的时候，他们就不会去遵守规则。为孩子树立规矩，是为了孩子的成长，就一定不能破坏。

规矩是家人的意见汇总

规矩是一家人的意见汇总，是共同遵守的约定。父母不能因为一时的心软，就去破坏规则。孩子必须要在一定的规则下成长，他们可以有脾气，但是绝对不能让他们因为脾气去破坏规则。为了培养孩子良好的习惯和品行，规则是必不可少的。而孩子在执行规则的过程中，本来就是一个养成习惯的过程。父母爱孩子，是无可厚非的，但是在爱孩子的基础上，更要教会孩子学会遵守规则。

正面管教

父母要让孩子从小有一种意识，遵守规则才能让生活更加精彩。在家的时候，要遵守家规，这样才能让孩子在踏入社会的时候，懂得去遵守社会的规则。在家庭生活中，父母必须要成为那个坚定执行规则的人，因为孩子的自控力不高，他们对外界有着很低的抵抗力，面对新奇的事情，他们总想放纵自己去玩耍。而这个时候，父母制定的规矩，则会成为孩子接触外界的一道屏障，让孩子能够友好地和外界接触，不走歪路。

执行规矩，也要用对方法

在制定规矩的过程中，父母要想让孩子认真执行，必须要有一定的奖惩制度。因为只有在这样的机制下，才能让孩子自觉执行规矩。在执行规矩的过程中，父母要注重方法的使用，要让自己所用的方法管用，有效力。

很多时候，父母给孩子定下规矩，最后或是奖励或是惩罚。而惩罚这个词也不断被冠上“打骂”“体罚”等含义，其实惩罚还可以是“面壁思过”，或者其他更多的方法。具体方法的落实，要根据家庭制定的规则来具体应对。规则在一开始执行的时候，必然是难以进行的，因为孩子会抗拒，他们不适应，他们不知道该如何去做。所以当孩子在父母的劝说和警告下，依旧不守规矩，父母不妨把孩子抱到一边，让孩子停止正在做的事情，由此限制孩子的行为。

适当的惩戒不可少

孩子在执行规则的过程中，不肯乖乖地配合，惩罚是最后的撒手锏。但是却不能一味地以惩罚为最终的手段，惩罚有着其举足轻重的作用，但是却不能成为父母唯一依赖的武器。孩子做错事情，作为父母的要给他们机会，让他们能够有机会进行自我反思。

妈妈在厨房忙着做饭，6岁的涛涛在自己的房间玩儿着刚买回来的玩具，过了一会儿，妈妈喊道：“涛涛，快吃饭了，你把玩具收拾好。”显然涛涛还沉迷在自己的新玩具中，对妈妈的话充耳不闻。妈妈又喊了几次，涛涛满口答应着："这就好"，然后继续玩儿自己的。妈妈十分生气，对涛涛说："如果下次我再来的时候，你还是没有收拾好，今天晚上就不许看电视。"说完妈妈就离开了。涛涛不情愿地说："不看就不看，我可以玩儿玩具。"于是直到妈妈再一次打开房门的那一刻，地上还散落着一大堆的玩具，妈妈见状，直接过去把地上的玩具收拾走了。涛涛大哭起来，一个劲儿地踢打妈妈。妈妈命令道："去，面壁思过去。"于是涛涛被妈妈安置在角落里反思。

过了几分钟后，涛涛不哭了，妈妈再次来到涛涛面前对他说："知道妈妈为什么让你面壁思过吗？"涛涛不说话，妈妈继续说："如果下次再这么不听话，还让你面壁思过，而且不许看电视。"后来涛涛很少不听妈妈的话了。

案例分析：

当孩子不肯执行规矩时，父母的话在孩子们的耳朵里其实根本没有起作用。这个时候孩子们必然要面临惩罚，而这个惩罚，则需要父母根据家庭和孩子的实际情况进行制定。当涛涛不听话的时候，他一再违反了已经设定好的命令时，妈妈选择了让涛涛自己面壁思过，结果还是发挥了不错的效果。

从理论上来说，面壁思过能够让孩子暂时远离战场，从而减少环境对孩子的刺激。在这个时间点内，孩子能够冷静下来反思自己的所作所为，当孩子对父母制定的规矩不满时，不妨让孩子自己静静地待一会儿。

这样的方法，会让孩子冷静下来，虽然还是会反抗，但是父母一定要坚持到底，不能因为孩子的哭闹而妥协。当让孩子面壁思过的时候，父母一定要把控好时间，在几分钟的独立思考时间中，父母也要冷静，想着一会儿如何和孩子沟通。用这样的办法让孩子去执行规则，是为了让规则可以顺利地进行下去。因为父母不会因为孩子的哭闹去破坏规则，这样的行为会让孩子从心底重视规则。

父母换一种方式让孩子遵守规则

执行规则对于孩子来说是困难的，因为外界的吸引力实在过大，这个时候父母不妨换种方式，让孩子执行规则。转移孩子的注意力，并让孩子从之前的事情中跳出来，父母在这个过程中，要注重自己的态度，把握好规则和爱孩子之间的平衡。

哲哲的爸爸妈妈白天上班，有时候中午不回家吃饭，只好由爷爷奶奶来照顾哲哲。哲哲是个淘气的男孩，为了让哲哲中午好好睡觉，奶奶经常让哲哲看会儿动画片，之后才哄孩子睡觉。但是这样也让哲哲养成了一个坏习惯，只有看动画片才肯睡觉，而到了晚上，如果不给他看动画片，他就一直折腾，就是不睡觉。妈妈为了改变哲哲的睡眠模式，于是定下了一条规矩，不管是白天还是晚上，睡觉之前都不能看动画片。哲哲噘着嘴不同意，并且哭喊起来。但是妈妈并没有心软，而是告诉哲哲，在他睡觉之前，可以给他讲一个睡前故事，哲哲勉强答应了。

规矩第一天执行的时候，哲哲很不配合，非要看动画片才去睡觉。但是妈妈不同意，于是拿着故事书带着哲哲去房间，哲哲却说故事不好听，于是妈妈又重新讲了一个。最终哲哲还是在妈妈的故事中安静地睡着了，在经过几天的培养后，哲哲已经对故事渐渐感兴趣了。后来主动要求妈妈给自己讲故事，一个故事还没有讲完，哲哲就睡着了。这样几次后，哲哲终于改变了睡眠习惯，有时中午妈妈不在家，就由奶奶来讲故事。有时即使不讲故事，哲哲也能自己去睡觉了。

案例分析：

为了改掉哲哲的坏习惯，妈妈给哲哲定下了规矩。在定下规矩的过程中，孩子不可避免地要和父母争执，在这个过程中，父母是不能妥协的。哲哲妈妈认真执行定下的规矩，也慢慢分散了哲哲的注意力，最终让哲哲在不知不觉中遵守规矩。

制定规矩，是为了让孩子知道，规矩是必须遵守的。规矩之中有了变通，有了父母的关心，是为了让孩子知道，规矩并不是完全冷酷的，父母需要用爱去帮助孩子适应规则。要求孩子执行规则，要根据不同的情况来采取相对应的措施。这就需要父母和孩子沟通，在摸清孩子的禀性和内心想法的同时，纠正孩子的行为，并采取措施执行。

规矩不能坏，手段多样化

父母为了孩子更好地成长，一定会给孩子定下规则，在这个过程中，孩子尽力去做，但是很多时候孩子不可能完全遵守。对于父母来说，一旦定下的规矩，是千万不能破坏的。那么为了让孩子更好地遵守规则，父母不妨多想一些办法，转换手段，转移孩子的视线和注意力，让孩子自觉去遵守规则。

正面管教

父母在执行规则的时候，也可以适当地用一些其他的方法。没有孩子喜欢被束缚，因为他们在成长期间其独立意识也在慢慢觉醒，他们更多的是要和父母对抗，所以，换一种方式，才能让孩子更好地遵守规则。

制定的规矩要简单具体，避免成为“唠叨妈”

父母在制定规则的时候，要让规则可行，就必须要考虑到孩子的接受能力。制定出的规则要简单具体，这样才能让孩子执行时，有很大的可行性和有效性。许多父母给孩子制定规则，但是多为笼统的规则。孩子理解不够，等父母发现时，家里又是一阵吵闹。

制定规则要趁早，但是也要考虑到孩子的理解能力。越是年龄小的孩子理解能力越是有限，如果父母为孩子设定下的规则是复杂的不明确的，这样的规则非但不能让孩子遵守，反而会让孩子糊涂。

规矩一定要具体

日常生活中，我们经常听到这样的言论，“不要乱扔东西”“把你的房间收拾干净”等，父母这样的话过于笼统，不让孩子乱扔东西，却不告诉孩子什么样的行为叫作乱扔东西。想要让孩子收拾房间，却不告诉孩子如何收拾房间。在这些笼统的规则下，孩子不知道该如何去做，但是父母却以为孩子不听话，于是父母开始不断地数落，孩子也在反驳，最后闹得不欢而散。

笛笛是一个活泼可爱的小男孩，周末的时候，妈妈在家大扫除，笛笛也跟在后面，看上去跃跃欲试的样子，妈妈说：“笛笛，你去把自己的房间收拾干净吧。”笛笛开心地回自己的卧室去了。半个小时过后，笛笛还是没有出来，妈妈有点疑惑，以为笛笛在认真地打扫。可是当妈妈打开笛笛房门的时候，却看见笛笛正在床上玩积木。妈妈有点生气，于是一边动手一边说道：“收拾房间怎么能玩积木呢？你看你这床上乱的，前几天才给你洗了的床单又皱巴巴的……”笛笛站在一边，有些委屈，过了一会儿才反驳道："妈妈，可是我收拾了啊，你看我把铅笔、橡皮和小刀都放进了文具盒中，课本和作业也收拾了。"

妈妈责备道："是让你收拾房间，又不是让你收拾书包。"笛笛有些委屈，呢喃道："可是我不知道怎么收拾房间啊。"这个时候，妈妈才意识到：是啊，自己从来没有教过笛笛收拾房间！于是妈妈才解释说："对不起，宝贝，妈妈没有给你说清楚，其实收拾房间很简单，你只要把地打扫干净，把床上的被子叠整齐，再把零散的衣服叠好放到衣柜里，最后把桌子上的东西摆放整齐就可以了。"笛笛听完了认真地点了点头说："妈妈，我知道了。"

案例分析：

迪迪虽然想要帮助妈妈去做一些力所能及的事情，但是迪迪却不知道该如何去做。实际上，迪迪的妈妈犯了一个大多数父母都会犯的错，就是教给孩子的东西过于笼统。当迪迪的妈妈把更为系统的东西教给迪迪的时候，迪迪便知道要如何去做了。

父母在给孩子立规矩时，表达出来的意思要明确，不要总是说一些模糊不清的话语，要把规则落实到实处，要明确具体。比如要规范睡觉时间，不要说早点睡，要把时间规定出来。要让孩子起床，也要规定好时间。父母在给孩子制定规则的时候，最好把规则列出来，要清楚地让孩子明白，哪些事情是能做的，哪些事情是不能做的，能做的事情要怎样做。简单具体的规则，一方面便于孩子理解，另一方面也是为了让孩子能够按照规则上的事情去做。

制定的规则要可行

规则的制定，是为了让孩子能够遵守，所以给孩子制定下来的规则一定要可行，一旦不可行，孩子在实际操作中会很困难。制定规则，要给孩子形成条理性，让孩子能够在心中对规则有更为清晰的认识。

一个十三岁的小男孩得到了一部属于自己的手机，因为这是他梦寐以求的。但是很快，他也收到了妈妈的信息，告诉他应该如何正确地使用自己的手机。孩子的妈妈认真且详细地写了很多条规则，让孩子知道这部手机的使用权是在孩子手中，但是父母是可以随时收回手机的。这位妈妈在信中写道：“妈妈首先要恭喜你拥有了一部手机，你是一个优秀的、有责任心的男孩子，理应得到这份礼物，不过与此同时，你还必须要遵守一些规章制度。请仔细看下面的使用合约，并且认真遵守它。如果你不能遵守合约，我们将会收回你对手机的使用权。”

之后，便是妈妈给小男孩写下的种种条约。从手机的密码要告诉父母，到接听电话先要说“你好”。不让小男孩利用手机进行违法行为，也不允许小男孩把手机带去学校。甚至连小男孩去的一些地方都会涉及，比如说在餐厅、电影院、图书馆，要把手机设置成静音。妈妈把规则列举出来，并且是详细的、具体的，这些规则能够做到，并且也方便孩子理解。信件的最后，还有小男孩妈妈对孩子的祝福。

案例分析：

小男孩的妈妈给了小男孩一份规矩清单，或者说是一份规则协议。这份规则协议不仅清楚，更多的是用温和的爱来让孩子接受。

父母给孩子制定规则，是为了利用自己的生活经验来帮助孩子规范和约束自己的行为，给孩子一个参照的路标，让他在成长的过程中不至于太迷失自己。制定出简单、具体的规则，这样孩子能很好地看懂，父母也不用过多地解释。在现实家庭中，我们看到很多父母喜欢重复地给孩子解释为什么要这样做，或者为什么不这样做。有时候，父母的解释变成了埋怨，在孩子眼中，父母就是一个唠唠叨叨的人，因为父母不断地嘱托孩子要如何做事情。在这个不断重复的过程中，孩子会不耐烦，会焦躁。而父母因为要对规则进行多番解释，还要督促孩子，一来二去，父母不可能不唠叨。

父母要制定更好的规则

很多父母并不想当唠叨的父母，因为一方面自己很累，另一方面，孩子也会和自己产生隔阂。但是，很多情况下，父母会下意识地唠叨起来。因为爱孩子，也因为不放心。所以在父母制定规则之前，就必须要让自己所制定出来的规则是可行的，是能够被孩子实施的。当规则落实到具体的地方，孩子能够形成行动的时候，父母就会放下心思。越是具体的规则，越能够有较高的执行力。孩子的理解也更加直接，他们知道该如何去做，之后便是做得好坏罢了。对于父母来说，这个过程需要父母做监督，但绝对不是无意义的和重复性的话语复制。

正面管教

父母在制定规则时，一定要看到规则的可行性和具体性。对于孩子来说，他们很少能对宽泛的规则进行处理和理解，当他们对规则有所误解时，就会出现急躁或者不愿意遵守的情况。

制定“约法三章”，巧治淘气包

孩子在成长的过程中，总会出现一些问题。他们会淘气，他们会闹脾气以及各种让父母感到头疼的问题。但是正因为如此，才需要父母有耐心地来解决。找到孩子出现问题的原因，然后对应地提出解决的方法，和孩子制定规则，帮助孩子改正错误。

生活中，有很多父母会抱怨说：“孩子一点儿都不好管，不让做什么，偏偏要去做什么。一会儿都闲不下来。”父母在抱怨孩子不听话，难以管教的时候，其实父母更多的是茫然，因为他们不知道该如何去约束孩子的这些行为。父母们仅仅有一个设立规矩的笼统想法，但是却没有具体的办法和措施。对待孩子，到底要如何制定规则，这是每一个父母需要考虑的事情。与此同时，父母制定下的规则，孩子会严格遵守吗？这样的疑惑，一样会让父母为难。

父母可以和孩子商量规矩

那么，何不和孩子约法三章，在尊重孩子的基础上，也能够约束孩子的行为。和孩子约法三章，就是要事先针对可能发生或者曾经发生的问题，跟孩子一起制定彼此都要遵守的约定。当双方的行为发生偏差的时候，可以拿出当初的约定来约束对方的行为。

龙龙上小学三年级，但他还是不够自觉。放学后，只知道瞎玩儿，有时候甚至会忘记写作业。除此之外，龙龙总是乱拿家里其他人的东西，事先也不说一声。当家里有客人来的时候，也不懂得礼貌谦让，爸爸妈妈为此说了他好几次，但是龙龙依旧我行我素。

一次，龙龙想要爸爸妈妈带自己去动物园，爸爸趁机说道：“龙龙，咱们约法三章如何？你可以先提出几条希望爸爸妈妈做到的规定，然后我们也对你提出几项要求。咱们彼此监督，如果你答应了，咱们就去动物园。”龙龙想了想，点头同意，爸爸于是专门拿了纸笔，写下了和儿子之间的约定。

龙龙希望父母做到的三点要求中，包括父母进龙龙房间要敲门、不能强迫龙龙做不喜欢的事情、要允许龙龙有自己玩耍的时间。爸爸妈妈看了后，在下面写上了自己的名字。然后爸爸给龙龙提出的要求中有三点，每天必须完成作业后才能出去玩儿、不经过家里人同意不能动别人的东西、对来家里的客人要有礼貌。龙龙看了看，也在后面写上了自己的名字。爸爸郑重其事地把约法三章贴在了墙上，心里松了一口气。

自此之后，龙龙听话了许多，刚开始犯错的时候，爸爸就指着墙上的字条和龙龙说：“男子汉要说话算数，这可是你签了字的。”龙龙听后，马上就改正了自己的缺点。一段时间后，龙龙变得很懂规矩，也更加自觉了。

案例分析：

在龙龙和爸爸约定的过程中，龙龙看到了父母对自己的尊重。而孩子处于这个年纪，他们的心理上有着独立性和好胜心。他们能够充分表达自己的意愿，只是缺少机会，而爸爸和龙龙的平等对话以及互相之间的约法三章，让龙龙有了责任感。于是，龙龙会照着爸爸所提出的意见去做，最后也让自身得到了很好的提高。

日常生活中，父母不妨和孩子也约法三章。在这个过程中，你能够和孩子形成良好的沟通，你能知道孩子的内心想法，他们对于父母的要求。在这样的基础上，你才能更好地和孩子进行有效的沟通。当孩子答应和你约法三章之后，你就能把自己的要求提出来。在此基础上，孩子能够完成你的要求，而作为父母，也能真正地去理解孩子的要求。

约法三章，需要相互遵守

孩子有时候会很淘气，但是他们在进行自身行为的时候，心中的想法，父母是否了解呢？你只看到他顽皮的一面，却不曾知道是什么原因让他顽皮。了解孩子的内心世界，就要知道他们想要做什么，要知道他们想要父母做什么。

天乐最近很是淘气，在学校和别的孩子打架，然后回家总是毁坏东西。爸爸有几次出手管教，但也只是起了几天的作用，几天之后，天乐变本加厉。爸爸妈妈为此很是头疼，终于有一次天乐又在学校把别的小孩书包弄坏了，老师叫了家长。天乐爸爸一脸歉意地坐在老师对面，不住地和老师说着抱歉。老师说道：“天乐最近情绪有些波动，作为父母，您还是得和孩子多沟通一下，孩子这个年龄段，光靠威严压制是不行的。您得知道他想要做什么，这样才能沟通。”

天乐爸爸想了想，点了点头。在回去的路上，天乐爸爸和天乐说道：“天乐，你也是快要上初中的人了。你是个男孩子，就要敢作敢为。爸爸知道自己身上也有很多问题，这样好不好，咱们一起改正。我们互相之间提出三点要求，互相监督。男子汉的约定，你敢试试吗？”天乐正是冲动的时候，于是立马答应了。爸爸也说，如果天乐做到了，就送给天乐一个一直想要的篮球。于是父子二人定下了约定，天乐要求爸爸以后不打骂自己、不强迫自己早上去跑步、不能不让自己周末出去玩儿。爸爸想了想，答应了。然后爸爸提出要求，天乐每天要完成作业才能出去玩儿、天乐要在学校和同学好好相处、天乐出去玩耍要在晚饭前回来。父子两个答应了彼此的条件，然后写出来贴在了墙上。

案例分析：

天乐爸爸对于孩子的淘气很是无奈，打骂孩子的行为也不起作用，这就给很多父母提了醒。有时候，孩子淘气、惹事，并不是靠着一味地打骂就能管好的。孩子需要尊重，而这个尊重需要家庭给予。

父母和孩子互相之间定下约定，是为了让对方成为自己想象中的样子，也是为了让自己能够更加舒心。在这样的要求下，父母和孩子的约法三章，显得更加有意义。

约法三章要严肃对待

在和孩子约法三章时，要尽可能地形成书面的形式，不要只是口头说说而已。除此之外，父母要知道，对于孩子是不能太苛刻的，一旦你提出的要求过分艰难，就会打击孩子的积极性。当然，最重要的是当约定成立的时候，不管是父母还是孩子要认真地去执行，不管什么情况，都不能轻易妥协。

正面管教

父母和孩子制定下的规则是需要共同遵守的，不能因为彼此的意见偶尔出现不和而妥协，对于父母来说，在和孩子共同遵守规则的过程中，父母能够从规则中了解孩子。对于孩子来说，和父母一起遵守规则，也有更大的动力。

召开家庭会议，正式立规矩

规矩作为家庭中必不可少的法则，是关乎家庭成员日常生活的。几乎每个家庭都或多或少有些规矩，而这些规矩指导着家庭中的成员按照特定的规矩来办事。在确定家庭规矩之前，父母和孩子不妨集中在一起，对即将要确立的规则发表各自的意见，然后再确定家庭规则。

父母为了孩子，或者为了家庭环境而制定出一些规则，这些规则需要家庭成员共同遵守。既然要家庭成员共同遵守，那么就该所有人发表意见。召开家庭会议可以帮助父母理解孩子的想法，更为重要的是孩子在规则中表达了自己的意见，这样对于之后的孩子去遵守规则有着很重要的意义。

立规矩需要很正式

确定规则，并且让规则产生效果，一定要本着严肃认真的态度。不能漫不经心，不能朝令夕改。要让孩子从内心深处认识到，这个规则是不能被破坏的，是家里人都要共同遵守的。确定规则之后，前期要严格执行，互相监督，在形成威信时，也能让孩子自觉按照规矩办事。

阿亮和家人最近搬进了新房子，面对宽敞明亮的房间，阿亮很是开心，加上家里还有个小妹妹，一家四口生活得其乐融融。妈妈在家照顾孩子，因为新家刚刚搬进来，很多东西还需要收拾和归置。事情突然变得多了起来，这也让妈妈在阿亮身上的注意力降低了不少，很多时候妈妈都不知道阿亮在什么地方玩耍。为了让阿亮能够自觉汇报行程并且帮助家里做些事情，于是妈妈在周六午饭过后，郑重说道要召开家庭会议。爸爸自然是支持的，于是全家人坐在客厅里进行了新家的第一次家庭会议。

妈妈说道："搬了新家，之前许多规矩都松散了。但是家有家规，今天还得立起来。作为家庭的一分子，每一个人都有发言的权利，然后按照综合意见来制定规则。"爸爸随声附和，阿亮有些好奇，但还是同意了。接下来妈妈从家庭成员遵守的规则开始说，还有爸爸和阿亮需要单独遵守的规则。当阿亮听到关于自己的那部分的时候，有些不高兴。妈妈也看了出来，于是让阿亮发表意见。

阿亮说道："我只是在楼下公园玩儿，妈妈那么忙，又没有时间陪我。"妈妈的心情有些失落，原来阿亮是缺少父母的陪伴啊。妈妈上前抱了抱阿亮，但是规矩还是确定了下来。首先是一家人要遵守的规矩，比如进门换鞋，不换衣服不能上床等。让阿亮遵守的规则还有很多，最终，阿亮需要遵守汇报行程的规矩，而爸爸妈妈也必须要遵守每天有一个人给阿亮讲故事的规矩。

案例分析：

规矩的制定是一家人的事情，因为规矩的存在，才能让家庭更加美满和谐。阿亮的妈妈看重家庭，也尊重孩子的意见，所以她才召开了家庭会议，一方面是为了让这一次的制定规矩引起重视，另一方面也是为了倾听阿亮的心声。通过召开家庭会议的形式，让阿亮意识到这一次的事情是正式的，以此引起阿亮足够的注意力，让阿亮认真起来。

这样的形式，可以用在每一个家庭中，父母通过召开家庭会议的模式，让规矩有足够的威慑力。越是正式的规矩，对于孩子越有作用。因为孩子内心深处会认为这一次的规矩很严格，仪式感会让孩子对规矩有崇拜感。

家庭会议的存在会让孩子有参与感

家庭会议是一家人需要参与的会议，是需要父母和孩子共同努力的，在此基础上，孩子在家庭中找到了存在感，会大大地促进他们遵守规则的责任心。家庭会议的正式感，也会让孩子对规矩的认识更加清晰。

琪琪妈妈给琪琪制定了很多规矩，但是妈妈发现，琪琪也就遵守几天，然后就忘记了。妈妈无奈，只好一遍又一遍地强调，结果规矩越来越多，琪琪也越来越难管教。最后没有办法，妈妈只好找到了琪琪的班主任。但是琪琪的班主任说，琪琪在学校很是乖巧，很遵守规矩。这让琪琪妈妈很疑惑，后来还是老师给她出了主意。说琪琪在班里是学习委员，她很有责任感，一向都是给同学们做榜样的。老师建议琪琪妈妈可以在家里开一个会议，让琪琪也发表意见，当琪琪的意见得到尊重的时候，规矩也就能很好地执行了。于是，妈妈和爸爸商量了一下，然后和琪琪召开了一次家庭会议，这一次妈妈的严肃认真，让琪琪集中了心思。

后来规矩也被简单地写成了几条，妈妈贴在了墙上，妈妈针对这一次的规矩，一直是严格督促琪琪。经过一段时间的观察，妈妈发现琪琪的行为明显改善了很多。

案例分析：

琪琪在学校是一个让人省心的孩子，但是在家里却一直找不到参与感，所以琪琪妈妈的做法则很好地给琪琪创造了空间，让琪琪参与到家庭会议中，让琪琪也提出自己的意见。通过家庭会议的共同参与和决定，之后制定出来的规则则更加正式。

家庭会议，让规则变得正式起来。父母想要让孩子遵守规则，威严和爱必须要双管齐下。父母本身的威严，加上规则的威严让孩子能够认识到遵守规则的必要性，这样一来，孩子既能很好地遵守规则，也能意识到规则本身的威严。对规则的认可性，也能帮助孩子在走向社会的时候，能够更加清楚地认同社会上的规则。更为重要的是，在确定规则的同时，父母要严格执行，这对于孩子认清规则和遵守规则都有很好的保障。

家庭会议是更为民主的形式

很多时候，父母在制定规则时，是单方面地去发号施令。这样一来，孩子在遵守规则上就有一定的抵触感，因为孩子是被动地接受规则。但是家庭会议的召开则更为民主，因为民主性以及孩子能够在会议上发表自己的意见，这都会让孩子对规则有更好的尊重，也减少了他们本身对规则的抵触，之后才能更好地去遵守规矩。

正面管教

家庭会议的存在能够让家庭成员更加看重规则，这样一来，不仅是孩子，包括父母和长辈在内的家长，都能够去遵守共同确定下来的规矩。更为正式的规矩，能够让孩子更为谨慎地看待，也能够尽全力去遵守。

LOGICAL PERSUASION

第四章

从爱到放手，让孩子自己创造未来

爱孩子，是父母的天性，也是责任。但是过度的爱就会成为禁锢孩子成长的枷锁，父母爱孩子，更要学会放手，在爱和放手之间，父母要把握住尺度。孩子是属于未来的，是属于他们自己的，他们拥有自己的人生，拥有自己的未来，父母不可能一辈子陪在他们身边，所以，请放开手，让孩子自己去飞。

父母越迁就，孩子越任性

对于孩子，父母总是迁就的，因为孩子还小，孩子撒娇或者偶尔的哭闹，让父母是看在眼里，疼在心上。于是，父母经常和孩子妥协，渐渐地，父母会发现，孩子越来越任性。很多时候，孩子会提出各种无理要求，然后通过各种方式来让父母妥协。

父母爱孩子，为了让孩子更好地成长，父母会尊重孩子的意见，答应孩子的要求。但是有些父母过分地宠爱孩子，迁就孩子，结果导致孩子越来越任性。因为孩子知道了父母的弱点，他们在采取了各种方式后，父母对他们的妥协，让他们有了任性的资本。

父母不能过分地满足孩子

父母面对孩子的哭闹没有办法，所以很多时候便会迁就孩子，这样的做法是不可取的，长此以往，孩子会抓住父母的弱点，并以此为要挟。很多时候，父母要看到孩子内心的想法，不能过分地去满足孩子的要求。

巧巧在 2 岁之后，很多事都是自己做主，从小到大，孩子想要什么，只要能给予的，巧巧爸爸都会给孩子。等到巧巧上幼儿园，有一次耍性子不想去幼儿园，巧巧一直在沙发上躺着，怎么拉也不起来。妈妈急得要动手打孩子，后来还是被爸爸拦了下来。爸爸想着就这一次吧，所以跟幼儿园请了假。

因为巧巧刚上幼儿园，巧巧爸爸以为孩子不适应幼儿园生活，于是尽可能地顺着孩子，但是后来发现情况有些出入。自从上次没有去上学之后，巧巧经常早上闹情绪，许久才会磨磨蹭蹭地去幼儿园。还有一次，爸爸带巧巧去买玩具，巧巧直接钻进游戏乐园去玩儿，连票也没有买，于是爸爸跑过去让巧巧出来，巧巧拒绝，爸爸最终顺从了她的意思。爸爸再次的迁就，让巧巧玩儿得更加开心，到了时间，也不愿意出来。爸爸妈妈后来发现，巧巧经常以哭闹、不吃饭等方式来要挟爸爸妈妈，妈妈觉得问题越来越严重，于是和爸爸商量给孩子立规矩。

巧巧爸爸也反思了自己的行为，基本上巧巧每次的要求，自己都会满足，没有原则地顺着孩子。想吃什么就给买什么，久而久之要求的越来越多，条件也越来越高。不给就又哭又闹，越让步她便会越得寸进尺，才造成了现在的状况。为了改善巧巧的习惯，也为了改善爸爸的习惯，妈妈定下规矩：对于巧巧的不合理要求绝对不能迁就和顺从；巧巧没有生病，必须要去学校；不可以任意哭闹……从那以后，生活又回到了正轨。

案例分析：

巧巧的无理取闹以及过分任性的行为，大多是爸爸惯出来的，因为爸爸一而再地妥协，让巧巧抓住了爸爸的弱点。只要巧巧哭闹，爸爸就会顺从。长此以往下，巧巧的性格更加偏离正轨。

孩子任性胡闹，很多时候是因为自控力差，因为他们对外界的了解是完全不够的，加上自己天性的影响，孩子任性的行为只会越来越多。生活中遇到很多这样的孩子，他们会提出无理要求或是耍赖，更多的父母选择了顺从，选择迁就孩子。殊不知，当你迁就的那一刻，其实就是向教育失败的屈服。孩子很小的时候就开始讨价还价，长大后就会失去原则。所以一开始，父母就要坚守原则，按照规矩办事，不能因为人情而让孩子失去了原则。

过分迁就会酿成大错

父母在迁就孩子的同时，会让孩子养成习惯，并且认为自己只要撒娇，就能让父母妥协。于是第一次成功后，孩子就会有第二次，第三次，第四次，渐渐地，孩子会在自己想要做的事情上故伎重施，直到父母妥协。当父母被孩子的任性所伤害时，才会明白自己犯下的过错。

新闻中有这样一则报道，十五六岁的少年因为和爸爸要求买手机，在爸爸不同意后，拿着刀伤害了爸爸。最后少年也因为故意伤人罪进了少管所，而爸爸也躺在了病床上。事后才知道，少年的家境并不是很宽裕，但是少年花钱却大手大脚，而且还追求名牌。这一次伤害爸爸，是因为爸爸不肯给他换手机。少年在大吵大闹后，爸爸没有答应，于是少年才拿着刀威胁，最后误伤了爸爸。原来在少年小的时候，凡是自己想要的，父母都会答应，只要不答应，少年就哭闹，有时候还以死相逼，或者离家出走。于是才有了今天的一幕，爸爸躺在病床上，对自己之前的教育方式进行反思，但是为时已晚。

案例分析：

作为父母，爱孩子是没有错的，但是没有原则地爱孩子，一味地迁就孩子，最后只会导致孩子更加任性，更加不服管束。在案例中，我们看到少年的父亲一直是顺从孩子的，不管孩子提出什么要求，父亲总是满足孩子的要求。而孩子并不知道家庭的真实情况，终于在这次冲突中，孩子和父亲都受到了惩罚。

父母教育子女，本就是要教会他们为人处世，父母只知道爱孩子，却从来不曾教会孩子什么叫作克制，这样的教育方式在孩子身上造成了很恶劣的影响。孩子会越来越任意而为，他们觉得不管什么事情，父母都是能够帮助他们得到的，但是他们却不知道世界上有很多事情也是父母办不到的。

迁就过度的孩子最任性

父母迁就孩子太多时，身上都有一个习惯，他们拥有一项让你无法拒绝的技能。不管是撒娇还是哭闹，孩子们不断利用你的同情心和爱心，让父母帮助他们完成心愿。在不断地任性要求下，孩子的欲望会在这样的情况下越来越大，直到有一天，这样的欲望会把自己吞噬。到那个时候，不管是孩子还是父母，都会为此付出代价。

正面管教

父母要知道，过分任性的孩子会在社会上遭受更多的磨难。孩子终究是会成长的，他们会成为一个社会人，他们要处理人际关系，要分辨是非。过于任性的孩子，只会一味顾及自己的感受，所以父母要从小对孩子的教育加以控制，不能过于迁就孩子。

父母要学会让孩子对自己的行为负责

孩子在成长的过程中，难免会犯下错误。这个时候，很多父母会主动替孩子收拾残局，以至于孩子根本不知道这些事情是需要承担责任的，长此以往，孩子会失去责任心，他们会惹事，会犯事，但是却没有能力来承担自己的责任。

要让孩子自己去承担责任，这是孩子在成长道路上至关重要的一个环节。每一个人的出生都是伴随着隐性责任而来的，因为你扮演着不同的角色，就需要承担不同的责任。

父母要教会孩子负责

为人父母，对于子女是有责任的。为人子女，对于父母一样是有责任的。父母已经成年，经过了几十年的社会生活，早已明白承担责任的重要性，那么何不告诉你的孩子，不管年纪多大，只要生活在社会中，就必须要去承担自己的责任。错误是可以犯的，因为人无完人，但是之后的责任你就必须要自己承担，这是义务。

小廖经常丢三落四，上小学的时候，总是不小心弄丢自己的帽子。因为年纪小，爸爸也只能给孩子买。但是在小廖一个学期内丢失了八顶帽子后，爸爸开始反思自己的教育方式。每一次孩子丢失了帽子，自己就赶紧给孩子去买，或者说孩子几句依旧会给孩子买。小廖爸爸终于察觉出自己哪里出现了错误，于是决定要改正。

果不其然，有一次放学回家的时候，小廖说自己的帽子丢了。

明天还要去学校，让爸爸赶紧去买。这一次爸爸态度坚决，没有答应。小廖哭闹了一番，依旧无果。等到第二天上学的时候，小廖不情愿地坐上了校车。晚上等孩子回来的时候，小廖才去房间把自己的存钱罐拿了出来，对爸爸说道："爸爸，你可以陪我去买帽子吗？老师说，不戴小黄帽会走丢的。今天的小红花也没有奖励给我，我明天得带上帽子去。"爸爸这才跟着小廖去买了帽子，而且还用的是小廖的零花钱。自此以后，小廖再也没有丢失过帽子了。

案例分析：

小廖的爸爸为了让小廖意识到自己需要承担丢失帽子的责任，于是让小廖没有戴帽子就去了学校。当他在学校受到批评时，孩子才知道自己需要承担责任，也看到了自己丢失帽子的后果。因为这一次的经历，会让孩子印象深刻，他会试着去看管好自己的东西，然后避免丢失。

当孩子做错事情的时候，父母出于对自己孩子的疼爱，总是主动为孩子收拾残局，殊不知这种随便替孩子承担责任的行为只会限制孩子的独立成长。不给孩子认识到自己犯错的机会，孩子永远学不会如何承担责任。在这个过程中，孩子会慢慢注意到自己的行为过失，他们已经尝到了承担后果的苦，自然也不会主动去犯错。

父母不能为孩子包揽过失

阳阳是个男孩子，但是在爸爸妈妈的娇生惯养下十分任性。一天，阳阳出去玩耍，回来的时候鞋子满是泥土。妈妈让阳阳把凉鞋脱下来拿到卫生间冲一下，阳阳心血来潮，端着一个盆子就到阳台去了。过了一会儿只听见哗啦一声，妈妈急忙跑去一看，整个阳台已经是“水漫金山”。妈妈有点儿生气，不过还是赶快拿着墩布一边收拾一边训斥阳阳，而阳阳则一副嘻嘻哈哈的样子。

这个时候，爸爸下班回家，对阳阳妈妈说道：“你不能总是替他收拾残局，让他自己来。”妈妈借口说孩子还小，长大了就会了。爸爸有些生气，皱着眉头说道：“你这样做看似在替他承担责任，实际是在帮他逃避责任，一个男孩子，连点责任感都没有，将来还怎么得了。”阳阳妈妈在一旁替阳阳辩护，阳阳根本无动于衷。

案例分析：

阳阳妈妈一直为阳阳包揽过失，结果很可能是阳阳做什么事都我行我素，丝毫不考虑后果。孩子潜意识中，一直以为父母会替自己承担责任，索性放开胆子去做自己想要做的事情。

父母都希望孩子能够敢于担当，所以，当孩子犯错的时候，父母不妨让孩子自己去承担后果。俗话说：“吃一堑，长一智”，让孩子能为自己的行为负责，就是要让孩子克服对父母的依赖性，让孩子变得独立。在孩子对自己的行为负责的过程中，孩子能够学会思考，他们需要思考自己在做一件事情可能会产生的后果，对于这个后果，孩子是否能够承担。在这样的思考下，孩子就能自主解决问题了。

父母要放开手

父母要尽可能地放手，让孩子学会去为自己的行为负责。当孩子遇到麻烦的时候，不要为孩子承担过失。要让孩子看到自己的行为后果，并且要让他们自己去承担这份责任。这是每一个父母需要面对的，你可以无尽地去爱孩子，但是请先要学会放手让孩子成长。

正面管教

父母要教会孩子为自己的行为负责，这是孩子成长路上的必要知识。当孩子学会为自己的行为负责时，孩子才会真正长大。作为父母，不能在任何事情上都替孩子包揽，要让孩子自己试着去承担。

不要扼杀孩子的生存能力

孩子在成长的过程中，要学会自己去做一些事情，这些事情对于孩子的生活和学习都有着很大的帮助。但是，现如今，我们发现很多孩子连最基本的生存能力都不及格。父母在孩子的自主生活能力上，一定要给予孩子足够的空间和时间，让孩子学会自己如何生存。

每个孩子都是父母手心里的宝，尤其在一些独生子女家庭，孩子更是独一无二的。对于孩子来说，日常生活的自我管理是必要的，孩子要尝试去做力所能及的事情，但是父母的溺爱完全扼杀了孩子走向独立的可能。孩子要独立，基本的生活技能还是要学会的。

过度关怀，孩子学不会成长

孩子在父母的眼里永远是小孩子，父母认为孩子做不好这个，做不好那个，于是在很多事情上，干脆给孩子做了。等到有一天，父母不在身边的时候，孩子一点适应生活的能力都没有。父母过度的关怀，孩子永远不会长大。

小超已经十二岁了，本应该是个独立的大男孩了，但是小超还是跟没有长大一样。什么事情都要父母做，早上妈妈叫他起床，还要给他穿衣服，最后还要给他叠被子，甚至有时候还需要喂饭。对此，小超一开始也是拒绝的，他觉得自己已经长大了，可以自己做一些事情，但每当他自己收拾房间的时候，妈妈就过来说：“你看看你，收拾房间都把房间弄乱了，快去写作业吧。”听到妈妈的责备后，小超再也没有收拾过自己的屋子。

有一次妈妈因为工作要出差，只好由爸爸来照顾小超，可是等妈妈回来的时候发现，小超已经成了一个小邋遢。房间乱成了一团，被子也不叠，衣服扔得到处都是。书本和作业本随处乱丢，而小超整个人也是头发很乱，鞋子也脏脏的。妈妈去向小超爸爸问罪，小超爸爸却说：“他平常不就是这个样子的吗？只不过你走了，现在没人替他收拾了，一点儿独立性都没有。”

案例分析：

小超之所以会变成这个样子，和妈妈的溺爱是分不开的，也许很多父母会像小超妈妈一样，对孩子溺爱有加，加上潜意识里认为孩子还小，或者男孩子不如女孩子灵巧，就不让孩子自己去打理生活。当父母把孩子的生活接管后，一切都是父母在做。孩子没有机会锻炼自己，更不必说独立。

作为父母，我们要知道，孩子总会长大，他们总是要离开父母独自生活的。如果小时候不让孩子学会如何生活，那么将来孩子的生活必定会是一团乱麻。父母要学会放手，让孩子自己去管理自己的生活，这是他们生存的技能，是他们未来在社会上立足的本领。当孩子一些事情做不好的时候，不要急躁地斥责他们，也不要去抢着替他们完成，给孩子自己生存的空间，就要给他们生存的能力。当孩子小的时候，就要让他们学会如何去铺床单、叠被子，自己整理衣服和书包等，在锻炼他们动手能力的同时，也能培养他们做事情的条理性。

学习仅仅是文化，更多的是生活

在培养孩子生存能力的过程中，孩子的行为可能会慢，可能会出差错，但是这些都是正常的。父母耐心地去指导他们，少些斥责和吼叫，多些支持和鼓励，在这个过程中，孩子已经学会了成长，更多的是懂得了如何放手。

培养孩子的生存能力，对于孩子的未来至关重要。还记得很久之前的一则新闻，一个来自大西北的女孩儿是当地最有名的学霸，从初中起一路被保送，在北京最好的一所学府读到博士后，去美国一所著名大学又拿了个博士后，后来，双博士后的她选择了回国。不是因为其他什么原因，而是因为她没钱没住的地方。对于这样的一个女孩，没有人怀疑她的能力，没有人怀疑她的智商，但是最终将她打败的是她的生活能力。

案例分析：

父母在孩子读书的年纪时，一个劲儿地让孩子学习，不管其他的事情。孩子的衣食住行全部被父母包揽，结果学霸女孩成了生活上的“低能儿”。即使有着傲人的学历和优异的成绩，但是最终结果却是令人寒心的。

爱孩子，想要让孩子成材，但是父母不能因为爱而剥夺了孩子基本的生存能力。因为孩子也是社会人，他们迟早要走向社会去独立生存的，父母要在孩子还小的时候就教会他们如何去独立生存。孩子的生存能力关乎他们的一生，父母已经成人，既然知道社会的困难，为何不从小就培养孩子的生存能力。在爱和责任中教会孩子成长，也要告诉孩子社会的残酷和优胜劣汰。作为父母，千万不能在孩子小的时候，去过度地帮助他们打理自己的生活，可以伸手，但是绝对不是无休止的伸手。孩子要在自己打理自己的生活中学会如何独处，即便是父母不在身边的时候，孩子也能够生活得精彩自如，这才是一个真正的优秀的人。

正面管教

父母可以帮着孩子做一些事情，但是绝对不能帮孩子做一辈子的事情。当孩子有困难的时候，父母要伸手，但是不能把孩子一直抱在怀里。父母要让孩子拥有自己的生活空间，在这个空间中，父母尽量少干预，让孩子自己去整理生活，去享受生活。

孩子也要早当家

现在家庭条件好了，很多孩子的物质生活都很好，各方面条件的优越，让孩子的基本需求得到了满足。孩子在生活上的富足让他们对于金钱的认识不够深，要让孩子对金钱有一定的认识，即便是家境富足，也要让孩子早当家，让他知道挣钱的不易。

在传统的思维中，父母总是不愿意让孩子知道家庭的真实情况，不想让孩子知道挣钱的辛苦，想把最好的东西给孩子，宁愿自己苦一些，也要给孩子最好的。但是父母却忘了，一个养尊处优的孩子，终究是温室里的花朵，一旦受到外界的风吹雨打，就会凋落。

让孩子知道挣钱的艰辛

父母不妨让孩子了解一下父母的工作，告诉孩子挣钱是一件辛苦的事情。父母养育孩子，也要让孩子知道父母的艰辛。不管家庭如今多么富足，父母都要让孩子知道支撑家庭生活所需要付出的努力。很多时候，在孩子的印象中，父母的工资能用来给他们买想要的东西，满足了自己的需要。当孩子把目光聚焦在金钱上，就忽略了父母在工作中的辛劳付出。

有一天，儿子对父亲说道："我们同学都骑着 XX 牌子的电动车，不到 2000 块，爸爸你也给我买一辆吧，要不然我那个老土的自行车实在是太没有面子了。"父亲很是惊讶，为什么在孩子的口中，这钱就像是大风刮来一样的。于是父亲带着儿子去了妻子的工厂，父亲要让儿子看看自己的母亲每天是在什么样的工作环境下工作的。

当儿子看到母亲的工作后，不曾说话。父亲问儿子："你妈妈一天才挣 30 块钱，你却一张口就要上千元的电动车，妈妈要干多少天这么劳累的活儿才能给你买一辆电动车啊。"儿子低着头，眼中满含泪水。

案例分析：

儿子不知道挣钱的辛苦，开口就要豪华的电动车。这是因为孩子平日里根本不知道当家的难处，他不能够理解父母的艰辛，他不知道挣钱是多么辛苦的一件事情。孩子有必要知道家庭的困难，而案例中的父亲为了教育儿子，让儿子去看母亲工作的不易，这是十分正确的。

父母有必要让孩子知道当家的不易，俗话说不当家不知道柴米贵，孩子在家里养尊处优，对于孩子来说不见得是一件好事。很多时候，父母要让孩子明白生活的不易，这不仅仅是为了让孩子有明确的金钱意识，更是为了让孩子能够对生活有所认识。

让孩子吃些生活的苦头

当孩子遇到挫折时，父母总是给予安慰，一两次的安慰可以帮助孩子渡过难关，但是如果任何事情都如此，孩子就会对父母形成依赖，等父母不在孩子身边时，孩子就没有任何的支撑力量。父母不妨让孩子吃点儿生活的苦头，让他们能够直面挫折，不至于面对生活的一点儿苦难就倒下。因为他们未来会面对更多的困难，他们迟早要成为一家之主，需要承担起自己的责任。

悠悠是家里的独生子，全家人把他当宝贝，爷爷奶奶更是疼爱小孙子，有时候悠悠犯了错，爸爸妈妈要惩罚孩子，爷爷奶奶赶紧拦下。悠悠一点儿苦也吃不得，被家人小心地呵护着。可是等悠悠上了小学以后，问题就来了，悠悠总是迟到，因为受不了早起的苦；经常受到老师的惩罚，因为作业完不成；偶尔会逃课，因为上课很苦。总之，悠悠觉得上学很苦，自己接受不了，不想去学校。更加严峻的是，在家里从来没有吃过苦的孩子，根本承受不了外界的苦难。被人欺负了不会处理，东西丢了不会去找回来，参加活动，不知道该如何主动参与。

案例分析：

悠悠在家里吃不了苦，不知道生活和外界的艰辛，他承受不起挫折，所以才适应不了学校的生活。可是生活是不会适应孩子的，只有孩子学会去适应生活。悠悠在家里被过度保护，导致他失去了独立性，没有任何可以承受磨难的能力。

孩子需要吃点苦头，这不仅仅是为了让孩子学会成长，更是为了他的未来着想。孩子早一点知道生活的艰辛和社会的规矩，对于孩子来说是有益的。在父母保护下的孩子成长的路上少了很多的磨难，但是他们的人生路上也少了很多的精彩。

在风雨中成长

让孩子在风雨中成长，是为了让孩子能够懂得生活的艰辛，孩子可以早点当家，不管贫富，对于孩子来说都是必要的。穷人家的孩子因为生活条件所限，他们更早地明白生活的艰辛。富人家的孩子也需要早点当家，因为他们得学会和社会相处，和人相处。经受磨难和挫折，对于孩子的成长是助力。孩子是小树苗，他们想要长成参天大树，期间必须要经历风雨，要追逐阳光，要分享雨露，要挺过寒冬，直到孩子有足够的能力去面对大自然的时候，孩子才会成为参天大树。

正面管教

孩子也要早当家，父母要给孩子机会去学会更好地成长。生活中的磨难可以成为锻炼孩子的武器，而孩子的成长更需要挫折。父母可以帮助孩子走出困境，帮助他们面对挫折，但是绝对不能全部给他们善后，替他们排除困难。

让孩子独立，不要当“直升机父母”

直升机父母，就是那些“望子成龙”或者“望女成凤”心切的父母的代名词。顾名思义，就像直升机一样盘旋在孩子的上空，无时无刻都要知道孩子在做什么。有的父母对孩子的生活过度操心，有的父母在孩子的学校生活中过度干预，有的父母则对孩子的人身安全方面过度关注……

爱孩子是没有错的，从古至今，父母对孩子的爱都是无私的。但是过度的关注，会让孩子失去独立性，他们没有了自己的空间，就像父母手里的一个玩偶，做着父母眼中认为正确的事情。有些父母除了不计成本为子女花钱投资外，对孩子的呵护也是十分花费心思。他们天天接送孩子，隔三岔五地给老师打电话，或者没事往学校跑，时时刻刻监控着孩子的一举一动，希望所有的一切都在家长的掌控之中。

直升机父母，让亲情疏远

时刻关注孩子的父母，他们经常打着为孩子好的旗号，不管孩子的意见，就为孩子报上各种补习、活动，父母生怕自己的孩子输在起跑线上。这样的父母就像直升机一样盘旋在孩子的上空，指点着孩子的衣食住行，然后监督着孩子的学习和生活。在许多独生子女家庭中，孩子是父母的小王子、小公主。父母从孩子出生开始，就把自己定位成了儿女的终生保姆和人生规划师。不管任何情况，什么时候，只要孩子吃了一点苦，父母就要寻求根源。等孩子长大一点了，父母也是不放心，害怕孩子早恋，害怕孩子学坏。更有甚者，孩子上大学都要全家出动，孩子大学毕业了找工作，应聘面试的时候，父母站在后面替他回答问话。

“直升机父母”对于孩子的过分关注，让孩子成为一个巨婴，一个永远也长不大的孩子。而一旦离开了父母，自己都不知道要如何自处，在这样的环境下，孩子如何才能成长起来。

天宝今年上小学四年级，10岁的孩子，每天忙得像个陀螺。因为天宝除了上学之外，周末还有英语、钢琴、书法和足球。天宝的妈妈担心孩子跟不上社会的进程，害怕孩子跟不上学校的课程，于是每次上课都由妈妈陪同。等到孩子回到家，妈妈还要纠正天宝的动作，巩固天宝的记忆。在这样的情况下，天宝并没有觉得自己受到了益处，反而会觉得妈妈跟自己不亲近。天宝做任何事情，身边总是跟着妈妈，妈妈催促着天宝做事情，并且时刻给天宝指出其中的错误。导致很长一段时间内，天宝做任何事情都喜欢回头看看妈妈的眼神，只要妈妈摇头，天宝便开始退缩。

案例分析：

天宝的妈妈是典型的“直升机母亲”，不管孩子在任何的成长阶段，妈妈总是要插一脚。更为重要的是，因为妈妈的插手，让天宝失去了自我思考和做主的能力。妈妈的过度干预以及替天宝做主，让天宝在之后的许多事情上，都拿不定主意。

父母不能成为“直升机父母”，如果过度地关注孩子的生活，只会让孩子对父母失去信心。因为随着孩子一天天长大，渐渐有了自己的想法。当孩子的想法和你的意见冲突的时候，你依旧会坚持自己的意见，这种情况下，孩子会渐渐和父母产生隔阂。因为父母的过度干预，让孩子觉得自身没有自由和选择权。

“直升机父母”会扼杀孩子的天性

“直升机父母”的强势干预，会使孩子失去自由成长的空间。在父母的插手下，孩子会失去其独立性，这样非常不利于孩子社会性的培养。当孩子习惯了父母经常性的随从，孩子用脚自己走的路变少了，久而久之，步入社会后会变得难以适应。孩子的天性是随着各种事情而诱发的，他们会犯错，但是之后会认识到错误并加以改正，如果父母直接处理，那么当孩子长大成人后，面对社会上各种无法预料的艰难险阻，他们又该如何应对和立足。

孩子是一个独立的个体，他们必须要学会和社会相处。孩子的性格发育，是受社会和家庭、学校等多方面因素影响的，不能把孩子紧紧地拘束在一个家庭环境中。这样会让孩子失去对外界的探索和好奇，这非常不利于孩子的天性成长。

小唐今年上初二。在学校里，小唐总是沉默不语。虽然成绩很好，人也文静，朋友也有不少，但是性格一直是唯唯诺诺的。前几天，小唐红着眼睛回到家，任凭父母如何询问也不肯说，最后把自己锁进了房间。小唐的爸爸火冒三丈地找到学校老师，询问是否自己的孩子在学校受到欺负，后来才知道，原来小唐和几名女生为新年联欢会准备集体舞，结果一直没有编排好，一着急哭了鼻子。小唐性格内向，有事情也不说，同学和朋友虽然也都很友好，但是青春期的孩子，总是免不了要闹意见。于是小唐在学校也偶尔会哭鼻子，但是事后经过老师的开导也就好了。据小唐的老师回忆，平时也经常可以看见小唐爸爸出现在校长办公室，要求帮女儿“解决受欺负问题”。

案例分析：

小唐遇到的事情，本就是学校生活中常见的事情。同学和朋友之间的争吵也是在所难免的，但是小唐却从来没有和父母说过。可以看出，小唐爸爸对女儿的关怀已经过度，不断地干预女儿的学校生活，经常去找老师。这让女儿在一定程度上产生自卑心理，孩子不想把自己的心事分享给父母，一方面是不想父母去学校，一方面也是不愿意分享。

"直升机父母"让孩子失去了足够的空间和自我，孩子不会与人相处，不会处理问题，更为重要的是，孩子和父母之间出现了隔阂，孩子不愿意和父母沟通。孩子需要独立成长，在这个过程中，父母不能过多地干涉。

正面管教

要孩子学会独立，首先应该从父母身上去寻找问题，父母学不会放手，孩子永远学不会如何自我生存，孩子身上有很多的特性，这是本身所拥有的。父母不能因为自己的经验，去判断这些特质的好坏，或者干脆上手去纠正这些特性。要让孩子自我成长，在独立的过程中学会和社会相处。

自己的事情还需孩子自己决定

孩子自己的事情，最好还是孩子自己决定，因为孩子有权去为自己的事情拿主意。很多父母因为自己的原因，或多或少会为孩子拿主意。有时候甚至不过问孩子的意见，父母的独断专行，让孩子失去了自主选择的权利，这样对于孩子的未来来说，是非常不好的。孩子不能为自己决定，将来自然也不会去选择属于自己的路。

自己的事情自己决定，这是很多孩子在成长到一定的年龄时，心中所有的想法，因为他们渴望长大的心思和自己做主的需求，都在迫使他们去选择自己想要的。在青少年时期，孩子身上所拥有的独立情绪是最为明显的，如果这个时候，父母依旧不肯放手，孩子只会越来越叛逆。所以，父母不如从小就培养孩子自己决定事情的能力。一方面是为了让孩子更加独立，另一方面也是为了缓解成长后期的压力。

孩子需要有做决定的权利

在父母的眼里，孩子是小孩子，父母认为孩子缺少选择能力，实际只是父母单方面地认为。孩子在很多时候是有自己的想法的。生活中很多时候，需要孩子去做决定，或者有很多事情，孩子可以自己去做决定。更为重要的是，每一个孩子都需要机会，为自己的事情做决定。

李良是一个初中生，但是一直没有自己的主见，很多事情都要父母帮他拿主意。有一天放学回家，李良告诉妈妈班里的同学在竞选班长，妈妈问道："你想当班长吗？"李良说："当然想啊，当班长可以磨炼自己的本领，为班级做贡献，不过，要是选不上，该多没有面子啊。再说，如果当上班长，可能会影响学习，因为班级里的事情很多。"妈妈听完李良的话，对李良说："我觉得锻炼一下也好。"

于是李良决定去参加竞选，妈妈发现，不管李良遇到什么事情，都要爸爸妈妈给自己拿主意。爸爸妈妈不禁疑惑，李良这么大了，为什么一点儿主见都没有。这也难怪，从小到大，不管什么事情，父母都为他一手操办，李良丝毫没有选择的机会，按照妈妈的说法：李良只要把心思用在学习上就好了，其他的事情不用他多考虑。李良没有自己选择的权利，甚至连自己买一个书包，都是妈妈买好回来给李良的。

案例分析：

李良之所以成为一个没有主见的男孩，和李良父母的包办式教育有很大的关系，无论做什么事情，李良父母都包办。李良没有选择的机会，自然会变得没有主见。李良任何事情都询问父母的意见，是因为他已经养成了习惯，他总觉得自己选择不好事情，于是任何事情都向父母寻找解决的方法。

在现实生活中，很多父母都会出于时间或者安全的考虑，常常代替孩子做决定，一旦孩子对父母形成依赖，就会没有主见，而孩子长大后迟早要步入社会，父母不能事事都替孩子拿主意，一旦孩子对父母形成依赖，就会没有主见。孩子在面对社会上各种错综复杂的人际关系以及混乱的环境时，必须要自己做选择。而这个时候，父母不可能随时都在身边。俗话说，机会是不会等待人的，当孩子不去选择的时候，他也许就错过了一种新的人生。

让孩子学会做决定

要给孩子选择的权利，要让孩子学会选择，自己的事情自己决定，这就需要父母懂得放手。自己的事情自己决定，面对选项，选择哪一个，是孩子决定的，但也是父母需要指导的，在指导的过程中，父母要引导孩子去正确选择。

星期天，多多和爸爸妈妈一起去买文具。到了文具店，多多左看看右看看，似乎不知道哪个好。妈妈说："多多，你看这个蓝色的怎么样？简单，而且很实用。"爸爸拿着另外一个黄色的说："我觉得这个黄色的好，功能多。"多多看着两个文具盒，看了看妈妈，又看了看爸爸。妈妈笑着说道："多多自己选，爸爸妈妈只是给你一个建议，你要知道你现在用文具盒能装一些什么东西，然后根据需要去选择。"

多多点了点头，又转了一圈，最后拿着爸爸推荐的文具盒说道："我要这个黄色的，因为我想把之前的便利贴装进去。蓝色的不够大，虽然黄色的占地方，但是我的书包也可以放得进去。"妈妈点了点头，带着多多去付了账。

案例分析：

孩子有时候会拿不定主意，因为面对众多选择他们不清楚如何下手。多多在挑选文具的时候就是这个样子，但是多多的父母却很快给了多多选择。他们没有硬性要求多多要买哪一个，而是做了推荐。妈妈的话让多多有了想法，根据自己的需要来进行选择，在两个文具盒中选择对自己用处最大的。这就教会了孩子选择，也让孩子自己做了决定。

父母有时候会认为孩子还小，很多事情由父母来操办会要好，但是在这个过程中，无意间剥夺了孩子自己做决定的权利。父母不妨相信孩子，给孩子这样的机会，让孩子尽可能地去自己拿主意，更为重要的是要让孩子在这个过程中学会如何去决定。

正面管教

未来对于孩子来说是不成型的，因为谁也不知道孩子会走出一条什么样的路。但是在这个过程中，孩子会在人生的路上面对众多的选择，每一个选择的最后决定都会让孩子走向不同的人生。所以，要让孩子尽早他去选择自己的人生，为自己做决定。

LOGICAL PERSUASION

第五章

尽心又尽责，让孩子对自己负责

“责任”二字看上去简单，但是做起来很难。对于孩子来说，更是如此。因为孩子的年纪小，他们不知道该如何去负责。所以，这个时候，需要父母教会孩子如何负责。当然，前提是父母要松开自己管束的手，让孩子为自己的行为负责，不能因为对孩子的爱，就无时无刻地为孩子处理问题。

移交责任，“菜鸟”才能长成大鸟

责任是每个人在社会中都需要承担的，父母清楚地知道承担责任的重要性，那么不妨也让孩子学会承担责任。作为父母，要把该让孩子承担的责任移交给孩子，孩子犯下的过失，要让孩子自己去处理，即便是父母出手相帮，也要让孩子知道这件事情的责任人是他。

有人说，成人的一个标志是知道自己要做什么，当你肩上有担子的时候，你就长大了。的确如此，当一个人肩上有责任的时候，他就要开始思考如何去承担这份责任。父母生下了孩子，肩上有了担子，因为他们要养育孩子。所以他们多了一份责任，要保护孩子成长，要让孩子上学，要教育孩子成材以及之后的很多事情。从原来的两口之家，到孩子的加入，父母的责任也随之而来。

孩子需要承担责任

作为孩子，在成长的过程中，他必须要学会承担自己的责任。在孩子学会承担责任的过程中，作为父母有着更大的任务，就是把本身是孩子的责任移交出去，也就是说，是孩子的责任，就要他自己担着。

一个人在纽约做访问的时候，在洗手间里，听见隔壁的小间里一直有一种奇特的响动，由于这响动的时间过长，也过于奇特，引起了他极大的好奇心。在好奇心的驱使下，他通过门缝向里面探望，这一看使他惊叹不已。原来，小间里的一个只有七八岁的小男孩正在修理马桶的冲刷设备。一问才知道，这个小男孩上完厕所后，因为冲刷设备坏了，没有把脏东西冲下去，因此他就一个人蹲在那里，千方百计地想要修复它。

案例分析：

一个小男孩，在没有父母和老师的监督下，为了把脏东西冲下去，而去主动修理公共卫生间的马桶。可以看出，小男孩有着强烈的责任感。他知道自己造成的麻烦，要自己承担。不管小男孩自己能否成功修理好，小男孩都不曾逃避过自己的责任。

责任感是一种很重要的素质，是做一个优秀的人所必需的。孩子从小有责任感，能够让孩子更好地成长，更好地走向社会。当一个孩子在小的时候能够拥有责任感，不管他以后成为一个什么样的人，他的身上都有着优秀的品质。

父母要试着移交责任

作为父母，要试着把孩子本身的责任移交给他们自身。不少父母觉得自己的孩子还小，也不舍得让孩子过早地去承担责任，但是对于孩子来说，父母一味地偏袒和保护，只会助长他们的骄纵情绪。

康康已经是一个初中生了，但是却没有一点的责任感。上一次学校大扫除，班级的同学都分配了任务，唯独康康坐在座位上一动不动，卫生委员上前来催促他和其他的同学一起去劳动，康康却说："为什么要我去，那玻璃又不是我的。再说了，我是来学校学习的，又不是来打扫卫生的。"最后卫生委员气得走掉了。康康的这种情形跟康康妈妈有着很大的关系，康康小的时候，妈妈总是替康康承担责任，小孩子吵架，康康妈妈说不是康康的错，有时候是康康的责任，也是妈妈出去道歉，回来一样安慰康康说不是康康的错。

家里的家务事，康康妈妈总是不让康康做，即便是爸爸要求康康去做，妈妈都会说，那不是孩子做的，是大人的责任。于是在康康眼中，家里的事情是爸爸妈妈应该承担的，学校的事情是老师应该承担的。以至于他成长到现在，连自己要承担责任的意识都没有。

案例分析：

康康这样的孩子在生活中有很多，因为父母过度的宠溺，让孩子活在自己的想象中。他们以为周围的人都是为自己服务的，自身却没有一点责任感。康康的妈妈从来不让康康去承担责任，本该是康康的责任也不给他，在这样的骄纵下，康康越来越看不清现实。

父母要试着把责任移交，如果犯了错，造成了恶劣后果，并且有着一定的责任，那么父母就要把这份责任让孩子知道。孩子可能没有处理事情的能力，但是却不妨碍他们承担这份责任。当孩子在一起玩耍时，自己的孩子可能会把别人的玩具损坏，最后的赔偿是父母做的，但是父母要让孩子知道，这个事情本该是孩子需要承担责任的。需要孩子去道歉，孩子需要把赔偿的玩具送过去。在这个过程中，孩子会意识到，很多事情一旦做错，是需要自己去承担后果的。

孩子要长大，就要敢做敢当

父母眼中的孩子什么时候会长大，就要看孩子什么时候学会承担责任了。父母有时候会感叹，孩子真是长大了，孩子也懂事了。往往这个时候，正是孩子敢于承担责任的时候。当孩子在父母疲劳的时候，给父母做一顿饭，父母会在心里感叹一句，孩子懂事了。

当孩子在外面犯了错，但是自己完美地解决了，父母会想着孩子长大了。当孩子知道承担自己的责任，自己的过失要自己了结，知道这个社会上有很多责任需要自己去承担，也知道家庭的重担迟早会落在自己的身上，这个时候孩子就会从内心开始长大。

孩子之所以是孩子，不仅仅是因为他们年龄小，更是因为他们的心智不成熟，但是当他们明白自己需要承担自己的责任时，就说明孩子开始长大了。他们幼嫩的双手，能够托起一片属于自己的天空。

正面管教

父母学着放手，把孩子自身的责任移交给孩子，让孩子自己去承担属于他们的那一份责任。当孩子试着去承担他们的责任，孩子就会慢慢长大，这样的长大不仅仅是年龄的增长，更多的是孩子心智的提升和对生活应对力的提升。

让孩子享受的同时，更要懂得善后

孩子需要空间自我成长，父母要给予孩子这个空间，让孩子享受的同时，也要教会孩子学会善后。作为父母，教育孩子是人生中的一件大事，而对于孩子的责任和义务的承担的教育，父母更是不能缺失。

孩子在生活中，需要面对不同的事情，在这些事情的处理上，孩子会学会如何和世界相处。孩子的世界是简单的，也是充满乐趣的，孩子在学会享受的同时，更多的是要有善后的能力，而这份能力是需要父母教会的。

让孩子去享受生活

孩子要见识到更为精彩的世界，因为他们需要更加美好的生活。在这个过程中父母要帮助孩子去看世界，去享受生活。父母要给孩子一定的空间，在这个空间中，孩子有足够的自由来享受属于自己的生活。

笑笑在家的时候一直很喜欢动手做一些东西，妈妈为了给孩子创造一个能够动手操作的空间，于是把阳台的一部分开发了出来。铺上了地毯，买了很多积木，然后专门让孩子去开发自己的世界。

笑笑也很懂事，对于妈妈买回来的积木都拆开玩耍。有时候一玩儿就是一整天，动手能力与日俱增，甚至有时候拼接得比爸爸妈妈还快。在整个过程中，笑笑开发出了足够的潜力。笑笑越来越喜欢去接触更多更复杂的手工。因为在玩耍中开发出来的潜力，让笑笑在小学生活中享受到了更美好的生活。

案例分析：

笑笑的妈妈一直对笑笑的兴趣很支持，更为重要的是笑笑在这个过程中享受到了乐趣。孩子在生活中找到了自己想要的东西，而妈妈也对孩子的乐趣表示了支持。享受生活，就是在生活中找到乐趣，然后让自己沉浸其中。

父母让孩子在生活中找到乐趣，是为了让孩子更好地去生活和成长。都说乐趣是最好的老师，那么孩子如果能够因为乐趣而学习，那么将会替父母省下不小的心思。父母要看到孩子的兴趣点，尽可能地帮助他们去发现生活中的美好。当孩子沉浸在一件事情中时，尽可能地帮助孩子去探索其中的乐趣，要让孩子学会在生活中享受美好的时光。让生活中美好的事情尽可能多地留在孩子的心中。

教会孩子学会善后

孩子在享受生活的美好时，也要学会去善后。孩子在成长过程中，善后能力的高低对于应对生活中的困难有着决定性的作用。很多时候，人们往往在享受了生活提供的便利，但是却收拾不了之后的烂摊子。父母要看到未来的可能性，也要看到现实的残酷，教会孩子善后，是为了让孩子更好地享受生活。因为只有足够的善后能力，才能保障孩子在享受生活的过程中，尽情地放松。

志豪是班级里的文艺骨干，从小就受着爸爸妈妈的熏陶，对音乐很有天赋。因为妈妈是音乐老师，爸爸也从事音乐相关的工作，所以志豪很有音乐上的天赋。班级活动以及学校的文艺表演，几乎都能够看到志豪的身影。因为班级要出节目，所以志豪和几个小伙伴一起排练了舞蹈，因为音响设备出了问题，所以志豪就让同学跟自己回家，把家里的设备搬去了学校。

为了保证演出效果，也为了保障爸爸妈妈的设备不被损坏，志豪在设备上贴了便签。上面清晰地写着注意事项，要轻拿轻放，哪些按钮是不能动的以及出现了问题，要及时找负责人等。志豪在搬动设备之前，已经和爸爸妈妈打了招呼，在保证自己会利用好设备的前提下，志豪才把设备搬到了教室。志豪有这样的能力，跟志豪爸爸的教育是分不开的，志豪爸爸从小就带着志豪学习音乐和设备使用。每次都告诉志豪用完后要如何关掉设备，而且许多次都让志豪看着如何修理设备，即便是有些设备被损坏，爸爸也告诉志豪要如何换零件以及当着志豪的面来进行设备清除。这样的教育，让志豪有足够的能力来为自己的行为埋单。

案例分析：

志豪为了参加活动，于是带上了家中的音响设备。也因此要对设备的使用安全负责，在这个过程中，谁也不知道设备会出现什么问题，但是志豪拥有足够的能力来使用和修复设备。志豪从爸爸那里学到了善后的能力，因为能够自己善后，所以才能让设备正常运转，才能让班级的排练不停下。

孩子学会善后之后，才能更好地去享受生活，善后能力的培养，跟父母有着密不可分的关系，父母要从小让孩子明白，在享受一件事情带来的喜悦时，也要有善后的能力。只有学会更好地善后，才能够享受到更多的乐趣和好处。

成长中的孩子更需要负责

孩子成长的路上需要学会负责，更要学会对自己负责。人处在社会中，责任和义务是并存的，这一点适用于每一个人。对于孩子来说，他们需要在成长的过程中看到美好，同时也要看到责任和义务。成长中有欢乐，也有悲伤，孩子的成长不可能一帆风顺，他们会遇到很多困难，困难背后会有他们要肩负的责任。父母不可能帮助孩子完成一切任务，因为那是不实际的，孩子要自己去面对，需要学会负责。

正面管教

让孩子去享受生活，同时也要看到享受生活背后的责任，在这个责任下，孩子要试着去善后。父母要教会孩子去善后，当一件事情产生了不好的后果，如果这个后果是孩子所造成的，那么孩子则必须要为这个结果埋单。这是他们成长路上不可缺失的，也是他们所必须要学会的人生一课。

让孩子学会自我反省

一个懂得自我反省的人，往往能够发现自己的优点和缺点，并且能够扬长避短，发挥自己最大的潜能。不善于反省的人，则会一次又一次地犯同一个错误，不能发挥出自己的能力。孩子要学会自我反省，这对于孩子的成长有着很大的促进作用。

作为父母，要常常对孩子传达一种思想，即便是失败了，也没有关系，关键要看对失败的态度。对于性格形成期的孩子来说，面对失败时都要持有自我反省和自我修正的态度，才能不断地去追求和实现自己的美好愿望。

父母不能包揽错误

很多父母对于孩子犯下的错误，直接选择了承担，最后导致孩子认识不到自身的错误，更不必说要反省自己。父母不是孩子的贴身保姆，更加不是孩子的人生保镖。孩子要自己面对过失，并学会自我反省，这是他必须要做的事情。

阳阳已经小学五年级了，每天还要妈妈提醒他做作业。有一段时间，妈妈因为工作特别忙，没有照顾周全阳阳，阳阳不是忘记写作业，就是上学忘记了带作业，有时还会睡过头。一天，阳阳又迟到了，回来后抱怨妈妈："妈妈，您怎么不叫我一下，今天老师又批评我了。"妈妈听了抱歉地说道："都是妈妈的不好，是妈妈太忙了，下次妈妈一定提醒你。"

案例分析：

阳阳身上有很多的毛病，不仅仅是过于依赖父母，还推卸责任。明明是自己的错误，却不知道自我反省，反而来责怪妈妈。而阳阳的妈妈对于阳阳的态度则失去了原则性，过度地溺爱孩子，却不知道要孩子去承担过失。这样下去，阳阳永远也学不会如何反省自身，错误终究不会改正。

常言道："吾日三省吾身"，这是告诉人们要时常学会反省自己，只有反省自己才能取得进步，同时也会让孩子的性格逐渐趋于完善，慢慢地走向成熟。对于孩子来说，如果他们不懂得去反省自身，孩子永远也学不会长大。只有反省自身，才能不断修正错误，不断进步。

给孩子自我反省的时间

自我反省能够让孩子更快地成长，在反省的过程中，孩子能够不断地调整自己的心态以及自己的做事方法。当孩子做错事情时，父母要给孩子反省的时间，让他们在冷静的时候找到自己犯错的原因。当孩子因为自己的错误而感到痛苦和自责时，父母要帮助他们走出这个阴影。

俊俊已经六岁了，性格很是外向。但也因为如此，很是调皮，总会做出一些出格的举动。一天，俊俊的爸爸买回来两条金鱼，俊俊趁爸爸去洗鱼缸的时间，把盒子里面的两条金鱼丢在了地板上。正好被爸爸看到，爸爸大声呵斥道："俊俊，你怎么这么残忍，这样金鱼会死的，快把它们放回鱼缸里。"

俊俊把头一扭，对爸爸的命令无动于衷，爸爸正要发火，妈妈走了过来，对俊俊说道："俊俊，如果你口渴了，不给你水喝，你会怎么样？"俊俊想了想说："会很难受啊。"妈妈又说："现在你把金鱼放在地板上，鱼儿离开了水，没有水喝，多难受啊。而且对于鱼儿来说，水就像空气一样重要，一旦没有了水，它们很快就会死的。"俊俊听了妈妈的话，沉思了片刻，然后说道："妈妈，我知道错了，我以后再也不这样了。"

案例分析：

俊俊会犯错误，这是孩子不可避免的，在这个过程中，俊俊妈妈的做法则是最好的，因为她给了俊俊改过自新的机会。妈妈用举例子的方式，告诉俊俊什么能做，什么不能做，对俊俊进行了引导。在整个过程中，妈妈也给俊俊时间，让俊俊自我反省。俊俊的反省成功，可以说归功于妈妈。

一些父母在孩子做错事情的时候，总是想着要孩子马上为自己的错误埋单，让孩子马上承认错误并且改正。但是，当孩子迫于压力认了错，也未必真的认识到了自己的错误。认错是需要一个过程的，所以，我们应该给孩子自我反省的时间及空间，让孩子有机会去反省自己。父母要帮助孩子从失败和过错中，反省自我，并保证下一次不再犯同样的错误。

让孩子学会见贤思齐

要做到"吾日三省吾身"就需要让孩子每天都反思自己的行为。就需要见贤思齐，父母就可以帮助孩子多注意周围的人，让孩子意识到自己本身是否有周围人身上的优点，如果没有就要虚心求教。对于他人身上的坏毛病，看看自己是否也有，有则改之，无则加勉。这样下去，孩子会改掉自身的一些缺点，不断向优秀的人看齐。

正面管教

孩子的反省能力，是孩子处理现实问题和提高自身的重要途径。父母要培养孩子的反省能力，不仅仅是为了让孩子进步，更是为了让孩子懂得如何自省。人们在社会中生存，自我反省是每个人调节心理的重要方式，是我们和社会和平相处的妙招。

管好自己是管好世界的基础

自我管理对于人生是非常重要的，一位管理学博士曾经说过："除非你能管理好自我，不然你是不能管理任何人和任何东西的。"而孩子在自我管理上，更是要从小做起。只有管理好自己，才能拥有管理其他一切的能力。

管理自我的范围是很宽泛的，因为其中涉及了生活管理，学习管理，甚至还有其他的社交管理。很多时候，父母在孩子的管理上成为指挥官，父母帮助孩子管理生活，帮助他们学习以及和社会接触，却唯独不肯让孩子自己去。当父母给孩子包办一切的时候，孩子就会变得慵懒无能。

当孩子拥有了自我管理的能力，父母不仅不用担心他的学习和生活，孩子的前途也不需要父母过度的担心。因为具备了自我管理能力的孩子，已经很出色地迈出了成功的第一步，他们会很稳健地把自己的路走下去。

让孩子学会管理自己的生活

孩子在成长的过程中，会渴望独立，也会随着自我意识的增强而要求独立。在这个阶段，自我管理能力的培养可以顺理成章地进行改进。先从管理自己的生活开始，然后慢慢地一步步地推进，当孩子学会去管理自己的生活，孩子将会进步得更快。

伟伟两三岁的时候就跟着爸爸妈妈一起外出旅游，他走过很多地方，不管是高山，还是大河，他都看到了最美的风景。在这个过程中，伟伟的爸爸妈妈一直很注重培养孩子的生活和生存能力。即便是孩子很小的时候，也让孩子自己爬山，台阶很长，伟伟当时爬得很慢，但是爸爸妈妈并不着急，他们等着伟伟慢慢走。伟伟走累了，爸爸妈妈就坐在石阶上等伟伟休息。伟伟有时候也哭闹着要爸爸妈妈抱，但是爸爸妈妈总是不答应，等伟伟哭闹够了。最后还是自己要爬上去，但是每次到了山顶的时候，伟伟都惊呼眼前的风景，完全忘了刚才的辛苦。

外出的时候，伟伟会有自己的书包，里面放着零食和水，还有防丢失的手表和报警器，妈妈会提前告诉伟伟该怎么用，找不到爸爸妈妈的时候要做什么。所以伟伟很小的时候就学会了如何使用一些设备，加上外出次数多了，伟伟也有了很好的生活能力。在家的时候，完全不需要爸爸妈妈操心，房间会自己整理，上学自己去，任何事情都井井有条。

案例分析：

伟伟之所以能够照顾好自己的生活和他的爸爸妈妈的培养是分不开的。因为伟伟的爸爸妈妈很是注重孩子的自我生活能力，在刻意的培养下，伟伟有着很强的生活能力。伟伟能够管理好自己的生活，除此之外，更多的是伟伟适应社会和生活的能力也得到了很大的提高。

父母不要总是把孩子捧在手心，这样的孩子不经历风雨，永远长不大。孩子要学会自己管好自己，但父母不在孩子身边的时候，孩子要知道如何生活。要学会照顾好自己，因为自己本身的成长和健康是应对生活中苦难的最大武器。

教会孩子要保护自己

能够管理好自己的孩子，一样会保护自己。在现在的社会中，孩子的安全问题似乎已经成了父母最为头疼和关心的事情。毕竟新闻中层出不穷的拐卖儿童事件和丢失孩子事件敲响了许多家庭的警钟。加上网络的发达，充斥在网络环境中的各种信息让父母为孩子担心。但是父母要知道，保护墙再大，也禁不住孩子要往外爬，有时候，你越是禁止，孩子越是要去做。所以，不妨让孩子自己建立保护墙。父母要教会孩子自己保护自己，自己判断是非。

娇娇是家里的独生女，爸爸妈妈很是疼爱，孩子年纪小，加上女孩子长得也好看，妈妈总是担心孩子会出现什么安全问题。于是上下学总是要接送，一直到了小学。爸爸看不下去，决定和妈妈谈谈，最后谈论了一番，才准备让娇娇学会保护自己。于是爸爸买了女孩子保护自己的录像带，周末的时候会对着电视上的案例告诉娇娇要如何做。

娇娇根据爸爸的指示，知道了很多事情，并且在学校的时候也会给同学讲。在娇娇的影响下，周围的同学都学会了很多。老师还专门举办了一次安全知识讲座，让娇娇当主持人。自此以后，娇娇每次上下学都会和同学结伴，出门的时候会告诉爸爸妈妈具体的地方和时间。妈妈试着放手让娇娇自己去做，后来发现效果很好。

案例分析：

娇娇的爸爸通过社会上的一些案例，让娇娇引以为鉴，并且教会了娇娇如何保护自己。在这个过程中，娇娇慢慢学习，不仅如此，还学会了分享知识。真正的保护就是众人的力量，于是在这个过程中，娇娇发动了周边的力量，形成了自己的保护墙。

对于生活中的危害，父母要及时告诉孩子，更为重要的是要孩子学会如何在这些危害中学会自保。父母不可能保护孩子一辈子，因为父母做不到一天二十四小时跟在孩子身边，孩子要独立，孩子要走向社会，在这个过程中，孩子必须要学会的就是保护自己。父母松开手，给予孩子勇气和会飞的能力，之后的风雨就要让孩子自己去面对。

管好自己的孩子走得更远

学会管理对于我们每一个人来说都很重要，因为生活中的方方面面都需要管理，大到人生规划，小到日常的物品规整。这些都是管理，管理充斥在生活中，管理时间，管理空间，管理自己。只有能够管好自己的孩子，才能走得更远。自我管理是一项基本能力，也是一项有差距的能力，真正能够做到管好自己的人其实并不多，因为其中需要很大的自控力，还需要规划能力。成功人士的奥秘中，往往都有一项，他们都有着强大的管理能力。

正面管教

自我管理是孩子必须要学会的一项本领，是父母要动手教会的一项本领。在这个学习的过程中，更多地需要父母去放手，因为父母的管理在很大程度上限制着孩子的自我管理能力。管好自己的孩子，才会成为父母心中真正成功的孩子。

孩子学会交友，是对自己的保护

孩子的成长离不开朋友的陪伴，没有朋友的童年，是凄惨的、荒凉的，会少了许多的欢声笑语。在孩子成长的过程中，交友成了一项孩子必须要学会的课程。俗话说，“近朱者赤近墨者黑”，孩子要学会交朋友，交有益于自己成长的朋友，如此才是对自己最好的保护。

如果孩子能够拥有几个真诚的、善意的朋友，他们能够指正孩子的缺点，让孩子能够去倾诉人生理想，和孩子一起分享生活中的苦乐，这样的朋友对于孩子来说，是宝藏，也是一生同行的好友。如果孩子交到一些别有用心的朋友，孩子会偏离人生的轨道，离成功之路越来越远。

父母要适当干涉孩子的交友

很多时候，我们提倡父母不要过度干涉孩子的自我选择，但是当孩子的身边出现一些别有用心的人的时候，父母就要干涉。这不仅仅是对孩子的负责，更是对孩子的保护。

小伟是一名初中生，健康活泼，成绩优秀。在初中的时候，和班上的一名叫小光的同学很是要好。因为同情小光父母离异、生活窘迫的遭遇，小伟的父母总是留小光在家里吃饭，过年过节给小伟买礼物时，也不会忘记给小光买一份，有了父母的支持，小伟和小光更是形影不离。

后来，成绩不太好的小光突然迷上了网络游戏，在小光的带领下，小伟也开始在放学后和小光一起去网吧打游戏。父母和老师耐心地劝诫小伟，但也总是抵不过小光的一句话。后来小光越玩儿越上瘾，甚至发展到逃课去网吧打游戏的境地，小伟也跟着小光一起去。小伟的父母担心小伟在网吧复杂的环境中受到伤害，就买了一台电脑。没有想到的是，小光开始天天待在小伟家，还鼓动小伟别去上学。

因为同情小光的身世，小伟的父母不忍心赶走小光，只能劝小伟。但是小光却总是在一旁拆台。当父母说不上学没有出路的时候，小光就说现在的大学生很难找工作，上学也一样没有出路。假期补课，父母劝小伟去学校，小光却说，就这么几天，去了也没有什么用处，还不如在家给游戏升级。父母实在没有办法，就让小伟不要和小光来往，小伟却说现在只有小光一个朋友了，如果小光也不理他，活着还有什么意思。眼看中考就要来了，指望小伟考高中，看来是没有什么希望了，面对日益堕落的小伟，小伟的父母不知道该怎么办才好。

案例分析：

小伟的父母给了小伟选择朋友的权利，但是却没有教会小伟如何去选择朋友。小伟原本应该是积极向上的，但是因为交友不慎，而变得一塌糊涂，面对这样的情况，小伟父母的关注度明显不够，这才导致了如今的悲剧。

面对外界的诱惑，自制力和辨别能力较差的孩子很容易被人教唆而误入歧途，当出现这种情况时，父母必须要去干涉孩子的交友。但是在这个过程中，不能过度斥责，而是让他们认识到有些行为的弊端。

父母要给孩子讲清楚道理

父母在教育孩子的过程中，要教会孩子和志同道合的人相处，要和不功利的人交往。当孩子身边的人有着远大的理想，并且愿意为之奋斗，这样的人才能成为孩子真正的良师益友。父母要让孩子知道，真正的朋友是相互促进的，朋友相交看重的是精神层面的给予，不是物质层面的给予，要看他能不能给予对方有益的影响。父母要让孩子多和有利于自身进步的人交往。

齐林和关关是高中同桌，平时两个人共同用一套学习资料，一起参加体育锻炼，在学习上互相督促。和很多的青春期少年一样，很多事情齐林不愿意和父母说，但是却愿意和关关说。高二的时候，齐林和班级的一名女同学彼此产生了好感，两个人偷偷逛街的时候被齐林的邻居阿姨看见了，于是邻居阿姨添油加醋地和齐林的妈妈说了。齐林的妈妈吓坏了，心想儿子只有一年就要考大学了，正是紧要关头，这个时候谈恋爱不是自毁前程吗？于是周末齐林回家的时候，妈妈就质问齐林这件事情。齐林最初的时候不承认，后来索性大闹了一场，回到学校后，齐林反而和那个女生来往得更加密切。

齐林的妈妈这才意识到自己太急躁了，可是儿子对自己已经产生了敌对心理，讲再多的道理也听不进去了。于是，齐林妈妈找到了儿子的好朋友关关，希望他能够劝劝齐林。没有想到效果出奇的好，关关设身处地为齐林做思想工作，经常在齐林身边提醒，还帮助齐林补上落下的功课，齐林很快就把处在萌芽时期的恋情化为学习动力。同他要好的女生也在他的鼓励下用功学习，最后三个人都考上了大学。

案例分析：

齐林因为有一个好朋友，所以帮助齐林成功地克服了很多困难。齐林妈妈的选择也是非常正确的，在适当的时候借助齐林的朋友关关的力量，帮助齐林走出困境。

父母教育孩子交友的过程中，更多的是要关注孩子对朋友的正确认识，要让孩子意识到朋友的存在对于自身来说是非常重要的。而好朋友和真正的朋友是孩子成长路上的助力。

孩子交朋友，也是对人生的选择

孩子在交朋友的过程中，也要看到自己的选择，人生会面对很多的选择，交朋友也是其中的一种，不管孩子会做出怎样的选择，都是一种锻炼。孩子要对自己负责，不仅仅是对自身的内在负责，也是对周边的环境负责，选择怎样的人开始自己的旅程，是孩子自己要去做的选择。

正面管教

孩子要学会交友，这是适应这个环境的一种选择。随着孩子不断进步，逐渐学会了如何和外界的人相处。交友是对自己的负责，很大程度上影响着孩子自身未来的发展。父母要看到这一点，更要在生活中教会孩子这一点。

孩子成为自己，先要适应环境

每一个父母都希望孩子成为一个独一无二的人，孩子想要成为自己，首先要适应环境。因为人在社会中，是社会人，离不开人群和社交。更为重要的是，只有适应了环境，才能更好地做自己。

环境是一个大染缸，俗话说：近朱者赤，近墨者黑。孩子是一张白纸，他们从出生到这个世界开始，就会被环境所影响。孩子是否能成为自己，就要看孩子在环境中如何选择。适应环境是在环境中生存，然后再做自己。在生活中，父母要格外注重孩子的适应能力，当孩子拥有超强的适应能力，才能在成长中解决掉很多问题。

适应环境是成长的重要一步

一个孩子必须拥有超强的适应能力，这对于成长来说是十分重要的。强大的适应能力是孩子走向独立的基础，也是他将来更好地适应社会的一种必备技能。所以，我们应该尽早培养孩子的适应能力。

锦波在学会走路后，妈妈经常带着他去外面玩儿，有时去公园，有时去逛商场，有时去早教中心上课，面对外面五彩缤纷的世界，锦波兴趣盎然。等到锦波两岁的时候，妈妈送他去上小小班，第一天，锦波有些不太愿意，于是妈妈第二天就没有送他去，可是到了第三天，锦波竟然主动告诉妈妈要去上学，就这样，锦波开始了小小班的生活。等到锦波三岁的时候，要去上幼儿园，妈妈很担心锦波会哭闹，结果锦波不仅没有哭，而且表现得一直很好。当锦波回家的时候，还告诉妈妈其他的小朋友都在哭，只有自己没有哭。

锦波能够适应陌生的环境，在妈妈的培养下，锦波能够在各种情况下应对自如，参加聚会也落落大方，能和不认识的小朋友玩儿到一起，并且会得到大人们的喜爱。

案例分析：

锦波能够在陌生的环境中应对自如，是因为锦波有着较好的适应能力，加上锦波妈妈的培养，让锦波的适应能力不断增强。锦波能够尽快地融入环境中，在新的环境中锻炼，成了一个受人欢迎的孩子。

父母要想培养孩子强大的适应能力，就应该有意识地多带孩子接触一些新环境。不管是公园还是游乐场，或者是朋友家的小聚会，在这些环境中，鼓励孩子去发现新的事物，帮助孩子去和周围的环境交流，在这个过程中可以不断地提高孩子适应环境的能力。

很多孩子身上都会出现环境选择的表现，当看到自己喜欢的人和事物时，才能够打成一片，而碰到自己不喜欢的人时，则一言不发。也有的孩子面对陌生环境时会表现出胆怯，不知道该如何是好，其实这些都是孩子心理适应能力不够强大的表现。孩子做自己，就是随时表现本我，不需要被环境所拘束。所以，父母要从各方面入手，给孩子多创造一些机会，让孩子去克服自己的心理问题。

康康在班级里很是活泼，也能和小朋友玩儿在一起，爸爸妈妈很是放心。有一次朋友家乔迁新居，爸爸妈妈带着康康去参加宴会。康康在整场宴会上都表现得很拘束，一直跟在妈妈身边，一步也不曾离开。虽然在场的也有几个和康康差不多的孩子，也都过来邀请康康一起去玩儿，但是康康一直不为所动。妈妈很是疑惑，为什么康康会不为所动，明明在学校的时候很是活泼。

宴会结束回到家，妈妈问康康："为什么别的小朋友邀请你去玩儿你不去呢?"康康犹豫了一会儿，还是说道："我和他们不熟，我不想和陌生人一起玩儿。"妈妈看出了康康的心思，虽然康康说着不想，但实际上康康还是怕生的。于是妈妈决定以后要多带孩子出去走走，之后的一些外出活动中，妈妈总是带上康康。刚开始的时候康康依旧拘束，妈妈也不逼康康一定要去。慢慢地，康康开始改变，妈妈也在身边鼓励着他。渐渐地康康开始能够去接触陌生人了，和小朋友一起玩耍，然后结交了很多的新朋友。经过一段时间，康康喜欢上了结交新朋友，在陌生的环境中也能够自得其乐。

案例分析：

康康怕生的现象几乎存在于很多孩子身上，因为他们拘谨，更多的是对陌生环境的害怕。所以这个时候，作为父母，更多的是要帮助孩子适应环境，带孩子多接触陌生的环境，不仅要锻炼孩子的交际能力，更要增强孩子适应环境的能力。

很多情况下，孩子不愿意去接触新的环境，或者适应不了新的环境。这是因为很大程度上，新的环境中没有父母的陪伴，孩子在新的环境中失去了安全感。孩子变得独立，就必须要接受这种考验，来自新环境的考验最是考验孩子的适应能力。父母应当树立和孩子适当分离的意识，在日常生活中便可以慢慢改变，当孩子在做一件事情时，父母可以在旁边给予指导或者提示，但是不要干扰孩子的活动。

孩子在面对新的环境时，会产生一些不良情绪，父母可以帮助孩子改善，通过让孩子转移注意力缓解孩子的情绪。不管是看书还是跑步等活动，都可以让孩子适当地放松。有些时候，父母也可以带着孩子去其不喜欢的环境中，借此锻炼孩子的忍耐力，并且让孩子想办法平复自己的心绪，进而增强适应能力。

正面管教

孩子适应能力的改善是为了更好地成为自己，不管身处任何环境，都能看到自己的美好。这就需要孩子去适应社会，去看到更为美好的世界。当孩子能够真正适应环境时，才能成为真正的自己。

孩子要为自己的过失埋单

俗语中有这么一句话“好汉做事好汉当”，这就是说自己做的事情要自己负责。很多时候，我们会看到责任人，不管是一个家庭还是单位，总会有一个负责人，一旦出现问题，总需要有人站出来为过失埋单。

父母都希望自己的孩子能够负责任、有担当。但是在日常的生活中，我们经常听到父母抱怨，孩子没有责任心，做错了事情也不承认。不管是在生活中还是在学校里，孩子推卸责任的情况时有发生。

孩子要自己承担过失

孩子要学会为自己的过失埋单，要知道自己犯下的错，不管什么情况，都要自己去承担。当孩子在承担过失的过程中懂得教训，他们才会对之前的过失有深刻的印象，这样才能保证自己在今后的生活中尽量避免犯同样的错误。

高桥先生在秘鲁的一所大学任客座教授时，曾经与一对来自美国的教授夫妇毗邻而居。一天，邻居的小儿子在踢足球的时候不小心把球踢到了高桥先生家的门上，把一块玻璃打碎了。按照东方人的思维习惯，高桥先生和他的夫人猜想发生了这样的事情，那对美国夫妇应该很快会上门道歉。但是令他们没想到的是，那对美国夫妇在儿子闯祸之后，根本没有出现。

第二天一大早，在出租车司机的帮助下，那个男孩自己送来了一块玻璃。他彬彬有礼地说道："对不起，昨天我不小心打碎了您家的玻璃。因为那时商店已经关门了，所以没能及时赔偿。今早商店一开门，我就去买了这块玻璃。请您收下它，希望您能原谅我的过失。也请您相信我，这种事情再也不会发生。"

听了男孩的话，高桥夫妇不仅原谅了他，而且对这个男孩很是喜欢，他们款待男孩吃了早饭，男孩离开之前还送给他一袋日本糖果。本来以为事情到此就可以画上句号了，但是出人意料的是，在男孩拿着那袋糖果回家后，那对美国夫妇出现了。他们把那袋还没有拆封的糖果还给了高桥夫妇，并向他们解释了不能接受的原因：闯了祸的孩子不应该得到奖励。

案例分析：

在那对美国夫妇眼中，男孩要为自己的过失埋单。为了筹集款项，男孩把自己的零花钱花掉，还向父母借了一些，当男孩子把玻璃送回去的时候，男孩已经知道为自己的过失付出了什么。只有这样，男孩才能接受这个宝贵的人生教训。

当遇到这种情况时，很多父母会在第一时间替孩子去道歉，父母的用心是出于疼爱孩子，但是这样的疼爱只会让孩子失去自我承担的能力。当父母下意识袒护孩子的过失时，就无法让孩子得到应有的教训，也就没有办法让孩子建立起对自己言行负责的意识。

父母放开手，让孩子自己去承担责任

孩子学会负责是一个循序渐进的过程，孩子还小的时候，他们还不懂得该如何负责任。但是随着年龄的增长，能力也在增强，孩子也应该承担起相应的责任。父母要注意对孩子进行责任训练，要让孩子减少对父母的依赖性。

建强为了在周末能够多睡一会儿，就把自己的闹钟拨慢了一个小时。但是周末过后，他却忘了把闹钟给调回去。星期一的早上，已经快到上课的时间了，妈妈发现建强还在睡觉，看了看建强的闹钟，马上明白了是怎么回事。但她并没有叫醒建强。当建强像平常一样到了学校时才发现已经上完一节课了，结果可想而知，他被老师狠狠地批评了一顿。

回到家后，心情沮丧的建强开始埋怨妈妈没有叫他起床。妈妈告诉建强："儿子，每天睡觉前检查闹钟是你的任务，可你为什么没有做到呢？你总是习惯让别人提醒你做自己的事情，你要知道没有人能提醒你一辈子。你要学会自己提醒自己，做错事情后反省自己的错误才是你该有的态度。"建强听完后，很是感慨，之后很少再犯同样的错误了。

案例分析：

赖床迟到这件事原本就是自己的问题，建强在学校受到了批评，回到家后反而怪妈妈不叫他起床。对于建强来说，这是在推卸责任，但是妈妈的一番话却让建强明白，事情本就是建强的责任。这件事情的发生在建强内心深处留下了深刻的教训，至此之后，他也就能避免犯同样的错误。

很多时候，孩子会把自己犯下的过失让父母承担，实际上这本该是由孩子去承担的。父母要放开手，让孩子学会承担责任。父母不必急着替孩子包揽责任，不必过于担心孩子承受不起后果。父母要相信孩子，他们会在承担后果后成长得更好。

孩子更需要知道犯错就要承担后果

如今的孩子娇生惯养，很多时候，承受不住外面的风风雨雨。加上父母的过度保护，让孩子就像温室里的花朵一样。所以，想要孩子能够健康的成长，父母要学会放手，让孩子为自己的行为承担相应的责任。聪明的父母更像故事里的妈妈一样，不替孩子承担后果，而是让他为自己的过失埋单。

正面管教

孩子需要为自己的过失埋单，这是成长路上必须要做的选择，是孩子不能逃避的责任。父母不能一味地替孩子承担责任，也不能事事都帮助孩子。孩子在吸取教训中的成长速度是最快的，因此，父母不能因为一时的不忍心，就出手帮助孩子。

LOGICAL PERSUASION

第六章

从细节处入手，小心呵护孩子的自尊心

每个孩子的自尊心都很强，作为父母要看到这一点。对于孩子来说，他们的认知是简单的，更是单一的。当孩子认定一件事情，是很难改变的，这个时候，父母要学会适当处理孩子的自尊心和现实之间的问题。从生活的细节，从话语之间，父母要观察孩子的行为，小心地呵护他们幼小的心灵。

小孩子也有自尊心

孩子还小，能知道什么？不少父母心中都抱着这样的想法，孩子小，不代表他们没有自己的想法。孩子虽然小，但是他们的自尊心却很强烈。自尊心是指一种由自我评价所引起的自信、自爱、自尊、自重，并希望受到他人和社会尊重的情感体验。在这份情感中，人们会找到属于自身的成就感和满足感。由此可见，小孩也有自尊心，也希望受到他人的尊重。

孩子的自尊心，更多的是在对某一件事上的坚持。孩子能正确地评价自己，是指孩子能初步运用社会既成的道德标准、行为准则来评判自己的行为，正确评价自己的才能、自己在家庭和学校的地位等。正确评价自己，实际上就是对自己的判断，就是自尊心。它对儿童良好个性的形成具有重要意义。

孩子因为年纪小，理性思维水平很低。他们的自我评价都有着情绪，而情绪化的后果就是，很多时候，孩子的自尊心会被无限放大。孩子本身意识不到自己做事的对错，他们要求的只是对一件事情的坚持。

涵涵是一个小学四年级的学生，在老师和父母的眼中，涵涵是一个自尊心很强的孩子，因为他做什么都想要做到最好，不管是学习还是玩耍。因为在这个过程中，涵涵感觉自己被重视，被众人拥戴的目光让她感到骄傲。但与此同时也出现了不少的问题，涵涵过于注重胜负感，一旦输了就认为自己的能力不够。

有一次学校组织活动，涵涵竞选主持人，成功闯进了决赛，但是在最后的评选中，因为发挥失误落选。虽然老师鼓励了涵涵，但是涵涵的自尊心也受到了打击。很长一段时间内很是消极。虽然妈妈也和涵涵沟通过，但是涵涵却一直沉浸在上次的失败中不能自拔。

案例分析：

涵涵的自尊心过强，导致胜负欲太大，因为一次的失败，就否定了之后的尝试。孩子虽小，但是他们对于事情的执着是很强的，一旦遭遇打击，很有可能会一蹶不振。涵涵的情况就是如此，他受到了打击，自尊心就受不了。这个时候，更加需要父母的陪伴和开导。

在孩子成长的过程中，父母要保护孩子的自尊心尽可能不受到伤害，很多时候，孩子在和外界的相处中很容易受到打击。小小的孩子，内心对于外界是充满好奇的，他们有着自己的自尊心，他们争强好胜，一旦在和外界沟通的过程中受到打击，就会变得不知所措。

父母要注意引导孩子根据自己的行为动机来评价自己，只要孩子内心所向往的是美好的，父母不妨鼓励孩子去做，尽可能保护他们的自尊心不受到伤害。当孩子面对有些事情的时候，如果孩子确实没有能力去做，要及时提醒孩子，以防孩子产生挫折心理，影响孩子对自己的评价。

乐乐跟着妈妈去参加妈妈同事的聚会，在会上结识了很多的小朋友。乐乐跟那些小朋友一起玩耍得很开心，妈妈看着乐乐在一边玩儿，也就没有在看顾。过了一会儿，突然听到孩子的哭声，乐乐妈妈赶紧过去看。原来是乐乐和小朋友因为玩具而发生了争执，乐乐说手里的玩具是自己找到的，但是对面的小朋友非要抢，自己不给，于是就哭了起来。妈妈看着对面的孩子，很是为难，于是伸手把乐乐手里的玩具硬是拿了出来。乐乐大声哭泣，妈妈就教育乐乐说：“自己是一个大孩子了，要让给妹妹，再哭就去外面站着。”乐乐没有停止哭泣，附近的人也越聚越多，妈妈觉得很尴尬，于是把乐乐领到了外面。

后来妈妈和乐乐回到家，妈妈发现乐乐很长一段时间内都不和自己沟通，原本亲近的关系也变得疏远了好多。

案例分析：

原本就不是乐乐的错误，但是乐乐妈妈为了自己面子上过得去，就把责任强加在乐乐身上。这样一来，很大程度上伤害了乐乐的自尊心。乐乐坚持自己的想法，但是却遭到了妈妈的打击，自然不会高兴，母女之间出现隔阂，也是妈妈造成的后果。

父母要学会保护孩子的自尊心，不要认为孩子还小，他们的心情就不重要。越是小的孩子，往往自尊心越强，他们的世界简单纯粹，正因为如此他们对待事情时的想法很是单一，他们不知道要顾及人情。在孩子成长的过程中，看待问题首先考虑的是自己的想法，正因为如此，父母偶尔的强势介入，会让他们的自尊心受到严重的打击。

作为父母，要学会保护孩子的自尊心，不管任何情况下，在判断是非之后，要尽可能地维护孩子的自尊。

正面管教

孩子的自尊心是强烈的，他们年纪虽小，但是对于外界环境却很敏感。父母要尊重并保护他们的自尊心，这对于孩子来说是十分重要的。呵护孩子成长，就是要保护孩子那颗小小的自尊心，让孩子们在成长中体味到人生的美好。

父母要尊重孩子的个性

孩子是独一无二的，他们在世界上有着自己的个性和人格。也许很多父母会抱怨自己的孩子没有别人家的孩子活泼好动，或者有些时候想要约束孩子的言行，对孩子独特的见解不理不睬，或者加以指责，这些都是不对的，想要教育好孩子，父母要时刻记住“尊重孩子的个性”这一教育原则。

孩子有自己的人格，因为他们有自己的想法，孩子要成为自己，就要走自己的路。就像这世界上没有两片相同的树叶，世界上也不会存在完全相同的两个人。孩子的成长，跟孩子所在的环境和教育状况有着很大的关系。每个孩子都是独立的个体，不可能让所有的孩子都朝着同一个方向发展。孩子的个性造就了生活的丰富多彩，生活和社会也需要各式各样有个性和特色的人。

个性成长才是孩子的根本

个性能激发创造力，个性能使孩子的整个世界变得更为精彩。孩子的心理活动和行为更多地受到情境因素的支配，在自我意识方面变化较大。因此，还不能形成真正稳定的个性。小学低年级阶段是孩子进行适应性锻炼时期，他们这个时候正逐步把握个人与他人以及群体的关系。当自我意识和道德观念以及行为在这个形成的过程中发展起来，个性就会获得一定的发展。

多伊西在很小的时候就对生物化学很感兴趣，但是在他上大学的时候，爸爸认为工程学科更有前途，于是硬逼着多伊西在大学主修工程学。多伊西只好遵从爸爸的意志，到伊利诺斯大学工程学院学习工程学。在大学期间，因为攻读的方向和自己的志趣之间矛盾日益突出，多伊西期末考试各课的成绩都是刚刚及格。痛苦万分的多伊西在和导师们交流以后，转系去试读他非常喜欢的生物化学专业。此后，在生物化学专业上，他如鱼得水，年纪轻轻就成为知名的学者。后来，多伊西成功地分离出来了维生素K，并且确立了它的化学结构，完成了人工合成，使千百万人深受其益。为此，他还获得了诺贝尔生理学和医学奖。

案例分析：

多伊西因为自己的喜欢得到了发展，才拥有了后面的成就。孩子的个性发展，能够触发孩子的好奇心和上进心，这一点对于孩子的成长是至关重要的。尊重孩子的个性，就要尊重孩子自己的选择。

父母要学会去尊重孩子的个性，去了解他们的兴趣和爱好。对于他们的选择，要予以尊重，这样的选择最能代表孩子的个性特点，而孩子也能尽最大的努力去坚持和实现自己的选择，如此一来才能获得成功。

父母要引导并鼓励孩子创新求异

孩子的个性发展，多是独特的，在这个过程中，孩子会出现和其他孩子不一样的地方。父母在了解了孩子的个性特点以及独特的天赋后，才能给他们自由发展的空间。尊重孩子的个性差异，并让孩子的天赋得到最大的发挥，就必须培养孩子的主动精神、提高孩子的创造力、培养孩子的创新思维。

康康上初中，和所有的孩子一样，他有很多奇怪的想法，有时候甚至会做出一切奇怪的举动。爸爸妈妈担心康康养成不好的习惯，因为这个时期的孩子经常会故意和父母作对，穿奇怪的衣服，沉迷网络游戏等。经过一段时间的观察，爸爸发现康康并没有养成这些不良嗜好，反而对计算机技术有了很深的认识。于是爸爸趁着周末，带着康康去省会参观了一次科技展。科技展上有很多的作品，电子科技的运用让爸爸也禁不住称奇。康康更是看得入迷，于是，爸爸和康康说："电脑运用技术是时代的潮流，爸爸很高兴你有这方面的兴趣。你看眼前的东西，都是科技的力量。爸爸也希望有一天这里能有你的作品，让爸爸妈妈为你骄傲。"

康康受到了鼓舞，于是在爸爸的支持下买了很多相关的书籍，在闲暇时间，康康对着这些书进行研究。刚开始时，爸爸也监督了一段时间，后来发现康康能够自己去完成一系列的事情，于是干脆任由康康去学习。

案例分析：

康康爸爸的做法很正确，关注孩子成长的同时，也关注到孩子的个性。根据孩子的自我兴趣和发展，让孩子朝着那个方向前进。个性化发展不仅仅是性格上的表现，更多的是对未来的一种向往。

孩子的个性发展会影响到他们未来人生的发展方向，当孩子们对美有着自己的看法和理解时，他们就会去彰显自己的个性，这个时候，父母稍加引导，孩子会朝着更好的方向发展，会形成非常好的性格。

尊重个性成长

个性是需要发现和培养的，在父母的合理教育下，孩子的个性想要获得正确的发展，就必须进行引导。父母作为孩子的教育者应该把自己的观念突破，突破常规，以积极、鼓励、平等和宽容的态度接受孩子的差异，挖掘孩子们的内在潜能。尊重孩子的个性成长，并且帮助他们更加正确地认识自己。在这样的情况下，才能让孩子的性格更加健康和向上。

正面管教

父母要尊重孩子的成长，孩子的个性发展到一定的阶段，父母要正确地加以引导。孩子的个性成长关系到孩子的未来，孩子最终会成为一个什么样子的人，都是个性来决定的。当孩子的个性开始变化，父母要看到其中的优点和可引导的方面。

孩子的自尊心多半来自父母的合理鼓励

孩子的自尊心多半来自父母身上，因为家庭中的鼓励对于孩子来说是十分重要的。孩子在上学之前，大部分时间都在家庭中，他们在乎家庭成员的想法。孩子的自尊心多半都是父母培养的，当父母对孩子有足够的耐心时，孩子的自尊心会得到很大的提高。

自己的孩子不管是否优秀，做父母的都应该以平常心对待，而且鼓励会让孩子成长得更快。孩子处在社会中，本就是一个平常的人，父母多看看孩子的优点和长处，这样才会从心底去赏识孩子。当然，孩子身上也会存在缺点和错误，作为父母要抱着理解的态度给孩子尽可能少的批评。

父母需要正面鼓励孩子

孩子需要的是父母的尊重，还有鼓励。孩子虽小，但也应具有和父母平等的人格。当受到父母的鼓励时，孩子会渐渐树立起属于自己的自尊心。

楠楠是一个好动的孩子，前几天，她总是在客厅踢球。为了这件事情，妈妈多次训斥了她，可是楠楠依旧我行我素。有一天，爸爸下班回家，发现女儿在客厅里踢球，就说道："楠楠，你的球技又进步了，真棒啊。"楠楠听了这句话很是高兴，于是踢得更认真了。

爸爸放下包，见到楠楠还在踢球，就说："楠楠球踢得好，但是你这样踢下去会把地板弄脏的，妈妈会很难过，她现在忙着做饭，一会儿还要忙着拖地，多辛苦啊！”楠楠听了爸爸的话后，感受到妈妈的不容易，觉得自己的做法确实不对。于是，她不好意思地收起了球，并且说道：“爸爸，我现在要帮妈妈把地板拖干净。”

这个时候爸爸站了起来，和女儿一起拖地，还高兴地说：“女儿长大了，真懂事。”楠楠得到了爸爸的表扬很是开心，也感受到了自己身上对家庭的责任。她说：“爸爸，以后我不会在客厅踢球了。”

案例分析：

当楠楠身上出现不正确的行为时，爸爸没有像妈妈一样直接批评她，而是先鼓励了楠楠。通过鼓励的方式让楠楠对自己有了一定的认识，然后才开始了正面的教育。妈妈的批评伤害了楠楠的自尊心，但是爸爸的话却在维护楠楠的自尊心下对楠楠进行了说教。

很多时候，父母对孩子的某些不正确的行为进行批评会让孩子感到沮丧。因为有些时候孩子做出的错误行为并不是有意的，或许孩子根本就没有意识到自己犯了错误。当孩子认为他们所进行的事情是正确的，却受到父母的批评，这样很容易打击他们的自尊心。但是父母在鼓励之后，委婉地说教孩子，不仅仅会让孩子意识到自己的错误，更能帮助孩子建立自尊心。

不要以爱的名义伤害孩子的自尊心

父母要考虑自身在日常生活中是否做到尊重和理解孩子的心理，孩子的自尊心主要建立在父母的理解和鼓励之上。尊重孩子，看似是一个简单的问题，但做起来一点儿都不简单。尊重孩子体现在日常生活的点滴之中，稍有不注意，就可能伤害孩子敏感的自尊心。

思思周末的时候跟着妈妈去附近的游乐场玩儿，儿童游乐场的人很多，思思跟着前面的小朋友一起去了玩具世界里面玩耍。妈妈坐在外面跟几个家长闲聊。孩子们在里面玩儿得很是开心，但是不久之后就听见里面传来了吵闹声。思思妈妈回头看去，才发现思思和一个小朋友在抢玩具时发生了争执。妈妈赶紧过去，蹲下身子看着思思。对面的小女孩的妈妈也来到这边，互相看着对方，抱歉一笑。

妈妈问思思为什么吵架，思思哭着说是自己先看到这个玩具的，也是自己先拿到的，谁先拿到的就是谁的。但是对面的孩子也说思思已经放下了，所以她才捡起来的。妈妈大概猜到了原因，于是和思思说："思思是班里的班长，妈妈一直觉得思思是很棒的。你刚才是不是准备把玩具放下，然后一会儿再去玩儿？"思思点了点头，思思妈妈紧接着说道："思思在学校里把自己手里的玩具都给小朋友玩儿，现在你都已经放下玩具了，所以不能怪别的小朋友捡起来玩儿啊。而且和别的小朋友抢东西是不好的，思思去跟小朋友道歉吧，把玩具还给人家。"

思思低着头想了想，然后走了过去，说道："对不起，这个玩具给你玩儿。"而对面的小朋友在妈妈的安慰下，也不再哭泣。伸手接了过去，也拉了思思的手，于是两个人又开心地玩儿了起来。

案例分析：

思思所犯的过错几乎是每一个孩子都会犯的，思思妈妈的处理方法不仅照顾到了思思的自尊心，而且还很巧妙地引开了话题。妈妈保护了思思的自尊心，也教会了思思如何与人相处。思思妈妈没有直接进行言语攻击，但是却达到了惩戒的效果。

父母在教育子女的时候，不要过度地以很大的声音去压住或者威胁孩子，或者直接把孩子拉开。父母大声训斥孩子会让孩子伤心，更为重要的是在父母的大声训斥中，孩子的自尊心会受到伤害。

孩子在成长的关键时期，他们尚未建立正确的价值观和世界观，他们随着自己的心思，拥有自己的尊严。他们对于自尊的理解，多是坚持自己的意见。父母对孩子适当的鼓励，能够让孩子的自尊心得到很好的保护。孩子的自尊形成是需要时间的，时间所给予孩子的除了自身的成长，还有就是孩子对社会的看法。在孩子成长的过程中，他们会拥有自己的判断和自我的坚持，对于自尊心的形成更多的是来自父母的合理鼓励。

关注孩子自尊心的形成

父母要切实关注孩子的自尊心形成，特别是在孩子成长的敏感时期，对于孩子自尊心的呵护非常重要。当孩子们对于自尊心有着别样的理解时，父母要理解孩子的想法，尊重他们的内心。关注孩子的自尊心，才能让孩子更好地成长。

正面管教

父母面对成长期的孩子，要关注他们的内心世界。适当的鼓励能够培养孩子的自尊心，孩子自尊的形成有助于孩子在未来的选择中有所坚持，这是为人处世的基本。父母要尽可能地用积极的言语来表达对孩子的鼓励和赞美，客观公正地指出孩子的错误，尽量给孩子少一点的指责和批评，多一些赞扬。

“尊重”孩子要比关注成绩更重要

在孩子的成长期间，父母关注的点很多，但是在大部分时间里，孩子的成绩成为父母最关心的一个点。在很多父母眼中，孩子的成绩代表着孩子将来是否有出息，似乎只有成绩好的孩子才能成为栋梁之材。

父母要看到孩子的性格发展，往往孩子的性格会对孩子的未来产生深远影响。父母要尊重孩子，因为这对孩子来说要比成绩更加重要。在很多家庭中，孩子经常会这样抱怨：“考试考好了，他们就高兴得不得了，又是买这个，又是买那个，还到处夸我们。可是一旦考差了，他们的脸色就阴沉下来，不停地唠叨批评，说我们没有好好学习，还说我们辜负了他们的一片苦心。”

生活中，许多父母和孩子之间产生的一些矛盾，在一定程度上取决于孩子学习成绩的好坏。事实上，除了责备和批评外，很多孩子会因为成绩不理想而被父母责骂或者打过。父母对成绩的关注让父母看不到孩子的个性发展，看不到孩子的自尊心。但是父母要知道，尊重孩子远远要比关注成绩更为重要。

不要用成绩来苛求孩子

父母不要用成绩来苛求孩子，孩子所取得的成绩是自身努力的结果，但是成绩的好坏并不象征着孩子的优秀与否。父母要学会辩证地看待孩子的成绩，而不是一味地抱怨孩子的成绩不好。

小希从小跟着爷爷奶奶一起生活，她的父母在城里打工，因为工作时间不允许，便把孩子送到乡下的爷爷奶奶那里去抚养，等小希六岁的时候，才回到父母身边。爸爸妈妈为了给小希最好的教育，把小希送到了全市最好的小学，毕业之后也让小希进了重点初中。可是小希的成绩并不是很好，这让父母很不满意，父母觉得对小希做了这么多，可是她却拿不出好的成绩作为回报。

小希有自己的想法，有自己感兴趣的事情，她的爸爸妈妈却根本不关注这些。小希觉得爸爸妈妈根本不在意她的生活和思想，只是关注她的成绩好坏。也正因为如此，小希和爸爸妈妈经常吵架，成绩也在不断下滑。

案例分析：

小希的爸爸妈妈过度关注孩子的成绩，却从来不过问孩子的内心想法。因为爸爸妈妈从来没有意识到要尊重小希的内心想法，随着时间的推移，小希和爸爸妈妈的关系就会变得更加疏远。爸爸妈妈对于成绩的重视让他们忽略了孩子的成长，也是导致亲子关系疏远的重要原因。

很多时候，父母为了孩子学习成绩的提高，不断让孩子进行各种补习。在这样的压力下，孩子的自尊得不到正确的尊重，当孩子从心底对父母的做法不满意时，就会怨恨父母。虽然孩子也知道父母对成绩的关心是为了自己，但是孩子依旧很难从心底转变对她们的看法。久而久之，父母会觉得孩子不争气，孩子也觉得自己的自尊心得不到足够的重视。当孩子和父母产生隔阂时，会影响到孩子的学习成绩，甚至会严重影响到父母与孩子之间的感情。

尊重孩子的自尊心

父母对于孩子的成绩要正确地看待，孩子的自尊心很多时候会和成绩有关，对于成绩本来就不错的孩子，父母只需要让孩子保持他的水平，尽量不要给孩子过大的压力。对于成绩不太理想的孩子，父母要从孩子的心理出发，去了解孩子成绩不好的原因，并且通过沟通与交流帮助孩子，而不是一味地责怪。

孩子的进步是需要时间来证明的，成绩的好坏也不是唯一证明孩子优秀的标准，父母不能因为孩子一两次成绩不好就否定孩子在平时的努力。

小海在班上的成绩一般，每一次考试结束回家都小心翼翼，因为爸爸总是因为小海的成绩不好而对小海大呼小叫，有几次差点儿动手。虽然小海在学校努力读书，但是因为自己的理解能力有限，始终不能做到最好。但是爸爸却从不承认小海的上进和努力，每次只对成绩感兴趣。逐渐的小海产生了厌学的情绪，在最近的一次考试过后，小海甚至不想回家。后来还是班主任看到了小海的情况，找到了小海的父母。

班主任和小海的爸爸说："小海在学校学习很认真，他很踏实，成绩一般，并不是他不努力，而是父母不够关心，作为父母更应该鼓励孩子去学，而不是一味地打击孩子。"随后班主任带着小海爸爸去教室的后门看，小海在教室内聚精会神地听课。爸爸这个时候才反思自己的行为和言语，而班主任的话也让小海爸爸认识到了自己的错误。最后，小海爸爸答应班主任，以后会好好尊重孩子。

案例分析：

小海爸爸没有看到小海的上进，他只觉得小海成绩不好，就是不好好学习。但事实上，小海的努力是能够看出来的。当小海在努力时，也是孩子最需要鼓励的时候。爸爸对小海的不尊重，让孩子渐渐失去了信心。

父母要尊重孩子，要尊重他们的努力和上进心。当他们的努力和上进心得到尊重时，自信心也会得到极大的提升。父母要看到这份努力，要去尊重这份努力。当孩子竭力去做一件事情时做父母的要支持他们，尊重他们，因为这是孩子的坚持，是他们内心对自己的认可。

正面管教

尊重孩子要比看重孩子的成绩重要得多，孩子是一个独立的个体，更为重要的是，孩子需要更多的支持和鼓励。当孩子的自尊心得到父母的尊重，才会从心底对父母产生依赖和信任。而这一份依赖和信任对于亲子之间的关系是至关重要的。

父母不能过分苛求孩子

在教育孩子的过程中，光靠管束和告诫是行不通的，如果没有人对孩子的能力表现出肯定，孩子肯定会怀疑自己、否定自己。当孩子受到父母的赏识时，孩子会提高对自己的要求，发挥出自身巨大的潜能。

作为父母，虽然抱有一颗望子成龙的心，但是却不能过分地苛求孩子，不能要求十全十美的。要善于发现孩子身上的闪光点，而不是对孩子挑三拣四，这样不仅伤害孩子，还会伤害到亲子之间的关系。

父母的苛求会让孩子自卑

有些时候，父母会下意识地给孩子贴上标签，认为孩子不上进，能力有限，对于孩子暴露出来的缺点大加指责。在这样的环境下成长起来的孩子往往会有一种自我否定感，很难树立起勇气和自信心。

小爽已经七岁了，长得不怎么漂亮，看起来也没有多么地可爱。她的小脸也不像同龄孩子一般圆润，而是黑乎乎的，头发枯黄，个子矮小。而且，她的学习成绩也一般，一直在中下游徘徊，在任何一门功课上都没有特别值得称道的地方。在爸妈眼中，小爽实在是太平凡了，甚至有些平庸，让他们连一个夸奖的机会都没有。他们几乎对小爽失去了信心，总是对小爽身上的缺点大加指责，丝毫不曾掩饰这种情绪。每当小爽不小心做错什么的时候，他们的反应惊人地相似："真怀疑你是不是我的女儿，你怎么总是这么笨手笨脚的，长大了肯定没有什么出息。"这样的话，小爽已经听过无数遍了。

因为爸爸妈妈对小爽的一味苛责，让小爽觉得自己一无是处，于是上完初中就外出打工了，因为学历的问题，小爽四处碰壁，这样一来，爸爸妈妈更是对小爽失望。而小爽的性格也更加沉默寡言，很多时候，一个人在家，许多天都不说一句话。

案例分析：

小爽身处的环境充满了苛责，虽然她长相普通，成绩不出众，但是这些问题一样会存在于其他人身上。小爽的爸爸妈妈没有看到小爽的内在美，没有看到小爽的努力上进。一味地苛责，让小爽的人生最终走向了晦暗。

爱并接受自己真实的孩子，是每个父母很难做到的事情。很多父母总是纠结于孩子身上那些自己视为缺点的东西，或者力求打造一个完美的孩子。但是在父母的过分苛求中，只会打击孩子的自尊心。因为孩子的成长是阶段性的，孩子不是精密的机器，他们会犯错，会失败，这是在所难免的。在孩子的自尊心最脆弱的时候，如果经常受到父母指责的话，无疑是最大的伤害。

父母不要打击孩子的自信

在日常生活中，孩子会对自己有一定的评价，当他们做对了一件事情，或者是认为自己能够赢得夸奖的时候，就会跟父母说。这个时候，父母的鼓励会让孩子更加自信，反之则会在很大程度上打击孩子的自信心。

胜男是一个十分聪明的小女孩，很早就表现出了过人的才华。四岁的时候，她已经能够背诵二三十首唐诗了，也会写两百多个汉字。活泼开朗的胜男很喜欢把自己的成绩与别人分享。但是性格内向的爸爸却不喜欢胜男这么做，觉得这是骄傲自大的表现。

一天，胜男读完了一本对她这个年龄的孩子来说难度很大的一本书。高兴的她不由得唱了起来。爸爸听见了，皱着眉头教训胜男说："读书是件再平常不过的事情，你用不着这么高兴。"胜男有些吃惊，但还是说："可是爸爸，这本书这么难懂，我居然把它看完了，我实在是太高兴了。"胜男渴望地看着爸爸，希望得到爸爸的鼓励和称赞。

爸爸厉声地说道："你以为只有你有这个本事吗？哼，你太骄傲自大了！"爸爸越说越恼怒，"不要总是觉得自己是一个了不起的天才，我可以告诉你，你还什么都不是！"说完这些，爸爸丝毫不顾胜男的感受，转身就离开了。

看着爸爸的背影，胜男伤心地哭了起来，她不明白，为什么爸爸没有像自己想象中的那样跟自己庆祝，为什么一件高兴的事情会变成这个样子。转瞬间，胜男刚才所有的喜悦消失无踪，笼罩胜男的是一种特别糟糕的感觉，胜男觉得自己是一个又笨又蠢的孩子。

案例分析：

胜男有所成就的欲望，在爸爸那里全部变成了骄傲自满。因为爸爸的冷嘲热讽，让胜男的自尊心受到了很大的打击。也许胜男的爸爸是无意的话语，但是确实深深地伤害了胜男的自尊心。最后也影响了胜男学习的积极性。

孩子一旦丧失信心就是一件很可怕的事情，父母过分的苛求，会让孩子对自己产生怀疑。作为父母，要赏识孩子，要善于发现孩子身上的美好，肯定孩子的优点和进步，孩子在这种信任下才能不负众望地成长为有能力的人。

孩子要顺其自然地成长

孩子要顺其自然地成长，在孩子在成长的过程中，会对自己有所认识，这样的认识对于孩子来说是至关重要的。当孩子渴望得到父母的肯定，说明孩子希望和父母友好地沟通，父母对孩子的过分要求在孩子眼中是一种负担，而这个负担是非常不利于孩子成长的。孩子就像成长的树苗，揠苗助长或者是限制树苗的生长，都不会让树苗长好，父母可以是园丁，可以给树苗修建枝丫，但是却不能规定他们必须生长成什么样子。

正面管教

在日常生活的教育中，父母不能对孩子有过分的要求，孩子是独立的人，他们在这个世界上有着自己的想法，有着自己的目的，他们不会完全按照父母的要求去生活。所以，父母要适当地放开手，让孩子自由成长，不要过多干涉孩子的自由。

自尊也要尊重他人

父母要呵护孩子的自尊心，教会孩子在自尊的同时也要尊重他人。很多时候，孩子因为自己的认知不够完善，在自尊和尊重他人之间摇摆。这个时候，父母要告诉孩子如何去尊重他人的同时保有自己的尊严。

有些时候，孩子会沉浸在自己的世界中无法自拔，所以无法意识要尊重他人。当孩子在家庭中得不到足够的尊重时，很容易出现以自我为中心的现象。孩子不会尊重他人，有时候是因为孩子自己也得不到尊重。一个连自己都得不到别人尊重的人，叫他如何去学会尊重他人呢。

尊重他人是自尊的一部分

彤彤和小珊在综合活动课上被分配到了一组，老师要求孩子们折纸飞机。小珊刚刚折了一半的纸飞机，顺手拿给一旁的彤彤看。但是彤彤却自己拿了过来自己去折，一点儿也没有要还给小珊的意思。小珊着急去抢，但是彤彤死活不肯松手。这时小珊沉默了一下，随后搬着自己的板凳离开彤彤。老师询问小珊理由，小珊不说话，过了一会儿才告知老师原委。之后老师找了彤彤谈话。

彤彤在班里一直傲气十足，对同学不屑一顾，总是认为自己比别人聪明一点，和同学在一起的时候，也都是趾高气扬，喜欢指手画脚。当同学们不接受她的意见时，她就大发脾气，甚至骂人。同学们都对她敬而远之，都不想和她玩耍。

案例分析：

彤彤以自我为中心的意识比较严重，她对外界以及对他人的认知从自我的角度出发，在人际交往中受到这种自我中心的影响，认为其他人都应该围着自己转。彤彤不懂得如何尊重别人，过度的自我认识让彤彤无法与他人很好地相处。

很多时候，在孩子看来，自己是独一无二的，过度的自信和自尊感让他们失去了对身边人的尊重。孩子的自尊是一种自我的认识，但是在自我认识的同时更要学会如何尊敬别人。父母在生活中，对孩子有着很大的影响。加上孩子的模仿能力很强，父母对孩子不尊重的行为很容易就会潜移默化地影响孩子。

父母要让孩子在日常生活中得到足够的尊重，然后引导孩子学会尊重别人。孩子的自尊是需要呵护的，但也需要正确引导。自尊是对自己的尊重，是孩子在外界环境中保护自身品行的武器。与此同时，尊重他人也是重要的，因为唯有尊重他人才能得到他人的尊重。

父母要教会孩子尊重他人

当孩子来到世界上，他们的内心是空白的，如果没有父母的指导和教育，孩子根本不知道什么是尊重他人。父母作为孩子的老师，首先要做到的就是尊重孩子，这是言传身教。当父母在生活中能够控制自己的情绪，在教育孩子时学会尊重孩子，而不是一味地去指责和批评孩子。当父母以应有的尊重来对待孩子，孩子才会懂得尊重。

俊俊爸爸有看报纸的习惯，于是家里订阅了几份报纸。因为俊俊上小学的时候对自然地理很感兴趣，于是妈妈也给俊俊订了一份杂志。每天都有邮递员或者报刊发行员把报纸和杂志送到家里来。

周六的时候，下起了雨。还不到送报纸的时候，俊俊已经开门去看了，好几次回来说报纸和杂志都没有送回来。等到了七点的时候，杂志还没送过来，俊俊忍不住道："那些送报纸的也不知道去干什么了，磨磨蹭蹭的，现在都没有把报纸送来。一点儿责任心都没有。"妈妈听到之后，严肃地说道："邮局送报纸的人员叫邮递员，报社送报纸的叫作报刊发行员。他们也可以称作投递员，你随口一句'送报纸的'是对别人的不尊重，如果别人叫你的时候，叫你'那个谁'，你开心吗？不管从事什么职业，不管任何人，都应该得到我们的尊重。"

俊俊低下头，反思了一会儿向妈妈道了歉。等到有人敲门时，邮递员说："十分抱歉，今天下雨，交通不好，报纸送晚了，让您久等了。"妈妈看了看俊俊，俊俊说道："没关系，叔叔，今天下雨您还给我们送报纸，辛苦了。"见到俊俊这样说，妈妈很是为俊俊高兴。

案例分析：

妈妈从俊俊的日常言语中教导俊俊要学会尊重他人，不仅如此，在教会俊俊尊重他人的同时也让俊俊知道了尊重的意义。这对于孩子来说，是十分重要的。

父母的言传身教会让孩子感受到更多的尊重，在这个过程中，孩子会把从父母身上学到的东西应用起来。尊重这个词说起来容易，但是要践行在日常生活中却会无比困难。当孩子在日常生活中学会如何去尊重别人，也就能得到别人的尊重。因为得到了别人的尊重，孩子会更加理解自尊的含义。

自尊是自身存在于世的中心，而尊重他人是理解自尊的法则。父母要在孩子很小的时候，教导他们如何才是正确的做法。孩子越小，越要学会尊重。在他们形成正确的观念之前，父母要时刻引导他们。

正面管教

自尊是孩子对自己的正确认识，除此之外，孩子更多的是要对他人有着正确的认识。尊重他人是孩子的必修课，是他们在成长路上的基石。学会尊重，能够帮助孩子在社会中独处，更为重要的是，让孩子能够学会如何和世界相处。

教育孩子可以私下教育

父母教育孩子也要给孩子留面子，因为要顾忌孩子的自尊心，当众揭短，会让孩子无法抬头做人。孩子会做错事，也会有缺点。当孩子的缺点成为父母唠叨的原因，或者是责骂孩子的理由，父母要做的就是要让这些责骂和唠叨停留在家庭中。

很多父母会喜欢当着邻居或者客人的面讲："我家的孩子不好好读书，功课不及格。"或者揭孩子短，这样的行为看似是闲聊中的无心之举，但是对孩子的伤害却是真实存在的。当孩子知道自己的缺点被父母大肆宣扬，孩子的自尊心会很受打击。父母的行为，会让孩子无地自容，在人前抬不起头来。

父母要保护孩子的缺点

很多家庭都会出现这样的情况，父母在和别人聊天时，会把孩子的缺点当作话题来讲。有的客人对主人的孩子夸奖几句，一般来说也是一种客套。可是有的父母会表示自己的谦虚，听到赞美孩子的话总是要客气几句，说自己的孩子不太听话，或者学习还不够认真。有些时候，孩子身上并没有这些毛病，但是父母为了显示自己谦虚，也这样说。孩子会觉得自己很受打击，更为重要的是，当孩子身上没有这些缺点的时候，会让孩子觉得自己很差劲儿。

香香在学校的成绩不好，学习进度很慢。爸爸妈妈很是着急，也和老师沟通了许久。老师说香香自己也很是努力，可能是没有找到自己的学习方法，建议香香的爸爸妈妈不要给香香太大的压力。爸爸妈妈接受了老师的意见，不管香香成绩如何，都不会对香香责备，每一次考试结束，只要香香有进步，就会夸赞香香。

过年的时候，亲朋好友来家里做客，会提起孩子的成绩，香香妈妈总是说香香很努力，做作业认真，考试成绩在进步。但是从来不说香香成绩不好，这让香香很是感激妈妈。因为受到爸爸妈妈的保护，香香的自信心也得到很大提升。随着新学期的开始，香香的成绩也在不断提高，慢慢地达到了中上游的水平。

案例分析：

香香的成绩不好，但是香香的爸爸妈妈却从来不打击香香。当着众人的面，也不曾揭短。这样让香香的自尊心得到保护，虽然是一件平常事，但是却很大程度上保护了香香的自尊。因为自尊心得到了保护，香香才能自信地站在他人面前。

孩子到了一定年龄时，他们知道自己的缺点，也会有羞耻心。当孩子的缺点被外人知道后，就会觉得面子上过不去。会在心中产生羞耻感，这样会让他们自惭形秽。所以父母在外面谈到自己的孩子时，不能直接说孩子的缺点。这对孩子非常不利，会让孩子产生自卑心理，不利于孩子的教育和健康成长。

当父母去称赞孩子的进步时，或者在外人面前赞美自己的孩子，孩子会觉得很有光彩，同时也会更加奋发向上。

要私下教育孩子

教育孩子的同时，也要给孩子留面子。很多父母只知道自己要自尊、要面子，却忽略了孩子的自尊心，当父母在大庭广众下去说孩子的过错时，孩子会觉得自己一无是处。当孩子犯错时，父母要切实地保护孩子的自尊心，即使孩子在大众之下犯了错，但是父母也要把孩子带回家来管教。

涛涛上小学三年级，学校组织活动，班级要求每人交班费五十元用于买活动用品。因为班级都要参加活动，所以涛涛的爸爸也很爽快地给了钱。等到活动结束之后，班费还多出来一部分，加上活动的奖励，所以退回了多余的钱。涛涛的爸爸一直很少给涛涛零花钱，涛涛想着爸爸不知道，于是就自己拿着退回来的钱去买了零食吃。连着好几天都很开心，这让爸爸很是疑惑。

有一天爸爸在其他家长中偶然得知了这件事情，很是气愤，觉得涛涛对自己撒谎的行为非常恶劣。于是爸爸直接去了学校，刚好是下课时间，当着涛涛同学的面责问涛涛为什么要说谎，还自己拿钱去花。涛涛的同学都围着看，这让涛涛很没面子，但是面对爸爸的责问，涛涛也不知道该说什么。于是只能站在中间等着爸爸的怒气消散，直到上课时间，爸爸才离开。涛涛坐在座位上，感觉四周的目光都在看着自己。于是，涛涛一直低着头，当天的课也没怎么听进去。

案例分析：

涛涛爸爸的行为非常伤害涛涛的自尊心，即便是涛涛犯了错误，但是这样的错误是完全可以回家说的，而涛涛的爸爸在学校让涛涛下不了台面，更是把涛涛的过失公之于众。涛涛会感觉自己在同学面前抬不起头，更重要的是，严重伤害了涛涛的自尊心。

父母认为孩子犯错，就要及时教育，但是却没有想到，教育孩子也要分场合，不要让孩子感到尴尬。父母当着其他人的面责备孩子时，就是把孩子的注意力从内心的负罪感转移到尴尬和羞耻上。这样一来，孩子的自尊心和自信心会受到很大打击，如果父母需要教育孩子，最好是将孩子带到另外一个房间或者在他耳边轻轻地告诉他。

正面管教

每个人都会犯错，更何况还是在成长期的孩子。父母要教育孩子，但是更要去关注孩子的自尊心，在教育的同时要保护好孩子的自尊心，这才是对孩子最基本的尊重，也是确保孩子健康成长的重要因素。

父母不要去触碰孩子的自尊心底线

大人经常会说："这是我的底线"，底线是一个人在情绪上的最后容忍度。同样的，孩子一样会有自己的底线。孩子在逐渐地长大，在他们的心理方面也有不能接受的事情，当父母一次又一次地触犯他们的自尊心和底线时，势必会影响到亲子关系。

父母不能屡次触犯孩子的底线

孩子的自尊心底线，会随着年龄的增长适当调整，但基本上，在孩子很小的时候所认定下来的事情会一直保持下去。孩子的自尊心底线，很多时候都和父母或者周围的事情相关。当孩子犯错的时候，孩子会意识到自己的过失，然后在很长一段时间内不想被人提及。当父母无意间提起时，就是揭开了他们的伤疤，这个时候，父母就是在触犯孩子的自尊心底线。

小乐中考的时候因为失误导致没有考上好的高中，于是爸爸让小乐重新读了一年初三。小乐的很多同学都没有小乐考得好，但也都上了高中。小乐被爸爸逼着复习了一年，虽然小乐很是不甘心，但也知道重点高中的好处，所以一直好好学习。但是每一次考试后，小乐发现，爸爸只在乎小乐的成绩，别的一概不问，因为要认识新的同学，让小乐有一段时间内很是自闭，但是爸爸却熟视无睹。

一次考试后，小乐的成绩退步了一点，爸爸看着小乐的成绩单，很是生气。大声说道："你要记住，你是个复习生。你看看你同学都上高中了，你还在初中，你不嫌丢脸吗？还不好好学习。”小乐站在一旁默然哭泣。之后只要小乐犯错，爸爸就会提及小乐是个复习生的事情，这让小乐很伤自尊，虽然后来中考小乐成绩不错，也考上了好高中，但是小乐的性子也变得沉闷了许多。

案例分析：

小乐的爸爸总是揭小乐的伤疤，因为越是亲近的人所带来的伤害越大。小乐爸爸不断地提及小乐是复习生的事情，一次一次地伤害小乐的自尊。因为这样的情况，最后导致小乐的性格发生了改变，很大的原因是因为小乐爸爸的疏忽和伤害。

父母有些时候觉得自己是为孩子好，让孩子记住教训，但事实上，父母不断揭开孩子的伤疤，只会让孩子的自尊受到一次又一次的伤害。父母本想提醒孩子过去的错误，不想让孩子犯过去一样的错误，但是结果往往相反，不仅达不到效果，甚至会让孩子恨父母，使彼此之间的交流变得紧张困难起来。

孩子是有自尊底线的

孩子的底线是不能被触犯的，他们的自尊底线，是他们和世界交流的方式。不同的孩子拥有的自尊底线不同，在这个过程中，父母要试着去发现孩子的底线，尽量避免去触犯孩子的自尊底线。

孩子或多或少都有一些尴尬的经历，这些经历是在很长一段时间内成为孩子不愿意触碰的底线，父母要尽可能地不去触碰这个底线，以免伤害孩子的自尊心。另外，当孩子犯错之后，父母最好不要把对孩子的惩罚随处议论，因为这样会让孩子觉得皮肉受了苦的同时，心灵也受到创伤。孩子在成长的过程中，必然会有自己的秘密，不管秘密是什么，都是孩子不愿意触碰的底线。有些孩子身体会有一些缺陷，对于有先天性缺陷的孩子，父母更要看到孩子的底线。孩子的很多东西，不管是有实际意义的，还是没有实际意义的，对于孩子来说都是宝藏，父母不能去破坏，一旦父母破坏了这些东西，孩子就会感到自己的隐私没有受到大人的尊重和保护。

青青有一个“百宝箱”，里面放着青青收集的糖果纸，还有各色的珠子以及各种奇怪的小玩意儿，甚至还有银杏的叶子。青青上小学三年级的时候，搬到了新地方居住，妈妈在收拾东西时，要求青青把盒子扔掉，说里面的东西都是没有用处的。青青不高兴，在卧室哭了起来。这时爸爸走了进来，询问之后，蹲下身来和青青说道：“不哭了，爸爸一会儿和妈妈说，不扔青青的箱子了。爸爸知道这个箱子对于青青来说是重要的，所以青青可以留着。青青有自己的宝藏，但是也要和爸爸妈妈分享，这样子，爸爸妈妈就知道青青的宝藏是最宝贝的。”青青听到自己的箱子不会被掉了，开心地笑了。

案例分析：

青青的爸爸知道了青青的“百宝箱”就是她不能触碰的底线，因为这对于青青来说，百宝箱不仅仅承载了自己的记忆，更多的是一种心底的小秘密。

父母要知道，孩子的自尊是孩子心中所坚持的自我，孩子有着自己的自尊底线，这是父母不能去触碰的。父母触碰了孩子的底线，一来会伤害孩子，二来也会伤害到自身，因为孩子和父母之间的感情会逐渐疏远。

要学会去呵护孩子

父母要学会去呵护孩子的自尊，孩子的自尊心是脆弱的，因为他们需要很久的时间才能建立起自己的自尊防线。呵护孩子的自尊是保证孩子健康成长的重要因素，父母在孩子成长的过程中起着举足轻重的作用，亲近之人对孩子的保护是重要的，孩子也最能从亲近之人的保护中找到自尊。

正面管教

父母在日常的生活中要看到孩子的自尊底线，通过细心的观察去寻找孩子的坚持。在这样的基础上，尽量不去触犯孩子的自尊底线，这样才能建立友好和谐的亲子关系，才能有利于孩子的健康成长。

LOGICAL PERSUASION

第七章

不当孤雁，没有人能一个人生存

社交是每一个社会人必须要学会的，因为我们处于社会中，更是一个社会人。孩子的社交能力需要从小培养，这不仅对他们的成长有着重要的意义，更为重要的是要通过社交让孩子适应社会，让他们能够在社会上生存，提高他们的生存和生活能力。现实中，没有人能够离开社会，不要让孩子成为孤雁。

家长适当放手，孩子的社商更高

社会交往是每一个人必须要学会的技能，孩子和父母一样，也需要自己的社交圈。孩子在不断长大，他们的年龄以及心理不断成熟，父母不能把孩子禁锢在狭小的圈子里，要学会放手让孩子自己去交往。

孩子需要更为广阔的天空，当孩子和同伴进行交往的时候，能够更加客观地认识和评价自己。更为重要的是，在社会交往中，孩子能够学会更多的生存技能和处世之道。社会交往，能够对孩子的个性和情绪情感、智力能力等方面的发展产生重要影响。

父母要学会放手

很多时候，父母不放心孩子自己进行社交，因为父母担心孩子的心智不够成熟，或者担心孩子经验不足，所以很多父母会参与到孩子的社交活动中来。因为父母的插手，或者担心孩子的安全，很长的一段时间内，父母会把孩子看护在身边。加上现代社会，孩子多是独生子，邻里间的不来往以及环境的狭小，让孩子的社交能力越来越差。一些孩子与非家庭成员交往时，往往会出现骄横任性，喜欢支配别人，不能友好合作等现象，或者出现过于胆怯、害羞等现象。

小宇上幼儿园，不喜欢和小朋友玩耍，也不喜欢和别人交流。刚开始的时候，小宇的爸爸妈妈没有太在意，认为孩子有自己的特性，顺其自然就好。孩子不和其他小朋友玩儿，也就不会引来不必要的麻烦，这样反而更省心。可是，随着小宇一天天地长大，问题也暴露得越来越多。

幼儿园的老师向小宇的爸爸妈妈反映，小宇总是一个人坐在教室的角落，自己玩儿自己的。他不是不喜欢和小朋友一起玩儿，而是很胆怯，一旦有小朋友来找他，他就表现出一副很紧张的样子。最让人担心的是，小宇总是一个人自言自语，而当老师要提问时，他总是磕磕巴巴，一脸着急，也说不出话来。小宇的爸爸妈妈这才意识到问题的严重性。后来经过咨询，才知道小宇之所以会出现上述状况主要原因在于缺乏与人交往。爸爸妈妈进行了深刻的自我反思，想到自己平时在家管束得过多，不肯让孩子独自外出，不肯让孩子和外界接触，最终导致了今天的局面。

案例分析：

小宇不和他人交往，社交能力的薄弱让小宇深陷社交的痛苦中。小宇的爸爸妈妈担心小宇的安全，限制了小宇和外界的交流，这才导致了小宇对外界的陌生和抵触。小宇不敢大胆面对外界，内心的胆怯让小宇停留在自己的世界中。

每个孩子都离不开社会，离不开和同龄孩子的交流。生活中，父母会发现，那些在群体中成长的孩子，往往会比那些生活在狭小圈子中的孩子更加健康和活泼。因为有了社会交往，孩子的思想才得到了提高，压力也会随着社交而舒缓。同龄人之间的沟通让孩子们之间互相理解，好的社交能力，是孩子健康成长的基础，也是孩子各种能力发展的先决条件。

父母需要培养孩子的交际能力

孩子需要社交能力，而这个社交能力是需要从小培养的。父母作为监护人，有着重要的责任。对于社交能力较差的孩子，父母应该制定合理的规矩，让孩子投入到社交活动中去。想要培养孩子的社交能力，可以从几个方面进行入手。首先是讲道理，当孩子能够根据道理来处理社交矛盾的时候，其社交能力就能得到一定提升。其次是孩子对他人的尊重，是社交中的一项重要考察因素，当孩子能够站在他人的角度上考虑问题，能够尊重别人的观点时，也意味着孩子社交能力的增强。

对于孩子来说，在和外界的接触中，他们有着诚实的品质，会和他人合作，喜欢和他人接触，也乐于去适应陌生的环境。在这些条件下，培养孩子的社交能力，让孩子能自由社交。

乐乐妈妈下班回家时，看见乐乐在公园玩耍，和几个小朋友不知道僵持什么，远远地听见了孩子的哭声。乐乐妈妈以为是乐乐受到了欺负，赶紧往那边走去。等到靠近一看，才看见地上坐了一个小男孩，旁边围了一圈的孩子。乐乐妈妈赶紧过去把小男孩抱了起来，放在一边。经过询问，才知道是因为孩子们抢秋千引起的。乐乐妈妈一时间很是为难，周围的小孩子不少，她不知道该帮谁。于是看着乐乐，乐乐往前走了一步，对着刚才哭闹的小孩子说："秋千每个人都能玩儿，但是要有顺序，你要是答应我们排队，我就让给你。反正我要和妈妈一起回家了。"

妈妈听到乐乐这么说，心中很是高兴，等到这边的问题解决了，乐乐也跟着妈妈往回走。妈妈好奇地问道："你刚才怎么知道要站出来呢？"乐乐仰着头说："我看到妈妈很是为难，而且那个小男孩还没有我们大，我让给他也是可以的。但是他也得排队啊，老师说排队是规矩……”妈妈笑着牵着乐乐的手回家了。

案例分析：

在与其他小朋友的交往中，乐乐拥有很好的社交能力，他知道如何处理事情，也知道要遵守规矩。乐乐的话语中很好地体现了讲道理和懂人情两个方面，由此可见，乐乐的社交商真的很高。

生活处世的哲学，就是根据环境随机应变，不管任何情况，都要有应对的法子。这是人际交往中的实际需要，也是孩子在成长中需要学会的一项本领。社交能力的高低，能够清晰地反映在孩子的言行中。在日常生活学习中，孩子社交能力的高低决定了孩子在为人处世上的喜好。父母在孩子的整个成长过程中，要培养孩子的社交能力，让他们更好地和其他人相处。

社会交往需要孩子自己去做

社会交往是孩子在成长期间要学会的一项技能，所以，需要孩子自己去做。因为孩子本身存在于社会中，看到社会的美好，更需要认真和其他人交往。他们在与人交往中成长，而且将走向更为广阔的天地。

正面管教

父母要放开手，让孩子自己处理社会交往之间的问题。孩子的成长是需要父母同行的，但是更需要孩子自己去把握。社会交往中所体现出来的情商关系着孩子的未来发展，更为重要的一点是在孩子和他人交往的过程中，能够学会如何去应对外界的人际关系。

和别人打招呼是基本的礼仪

很多时候父母会发现，孩子在面对陌生人时，往往表现得不够得体。孩子身上所表现出来的骄纵和傲慢，使孩子不能很好地融入环境。父母在孩子小的时候，要教会孩子去和别人打招呼，因为在认识世界和进行社交时，打招呼是最简单的礼仪，也是最基本的礼仪。

年龄小的孩子还不懂得如何表现出自己身上的礼仪，这个时候，作为父母，把必要的礼节性要求告诉孩子很有必要。一个孩子如果能够学会主动问好，那么一定会赢得更多人的喜欢。父母可以培养孩子养成外出时和家人告别，放学回家时和家里人打招呼的好礼仪。同时，也要教会孩子，外出时遇到老师、同学、邻居等熟人，一定要主动打招呼。

打招呼是基本的礼仪

要让孩子知道，和别人打招呼是基本的社交法则。当孩子在外面和别人接触时，打招呼成为结识的开始。而正确地打招呼，则能有效地考验一个孩子社交能力的高低。打招呼看似简单，却分不同的时间和场合。父母要根据不一样的场景教会孩子如何打招呼，更为重要的是要根据不同环境让孩子学会如何打招呼。

天乐和萧萧是好朋友，两家人在同一个小区住着。萧萧之前买了一个游戏机，天乐总是要求妈妈带自己去找萧萧玩儿。趁着周末，天乐妈妈带着天乐去了萧萧家。刚进门，天乐就朝着萧萧的房间跑了过去，直接无视客厅坐着的萧萧妈妈。天乐妈妈很是尴尬，赶紧和萧萧妈妈打招呼，才缓解了局面。

萧萧妈妈把切好的水果给天乐和萧萧送过去，这时天乐沉浸在游戏机里，根本无心抬头说谢谢。妈妈站在一旁，很是不满。但还是忍下来没有指责，等到两人走在回家的路上，妈妈对天乐说："天乐，你为什么不和萧萧妈妈打招呼？你这样很不好，时间久了，别人会讨厌你，你还想去人家家玩儿吗？"天乐点了点头，有些难过的样子。妈妈接着说道："不管去哪里，进门第一件事情是先和大家打招呼。"天乐看着妈妈严肃的表情，点了点头。

案例分析：

在日常的社会交往中，天乐没有意识到见面和人打招呼是一种基本的礼仪，因此在人际交往中表现出了不得体。如果经常这样的话，很容易让外人觉得天乐没有规矩，因此，当妈妈发现天乐表现得很没礼貌时，私底下严肃地提醒了他。

孩子在外面没有礼貌，必定不会受人们的欢迎和喜爱。不学礼、不知礼，是难以在社会上立足的。在孩子成长的过程中，要不断和外界打交道，对他人表现出基本的礼貌是孩子必须要学会的。在不同的情况下，和不同的人进行打招呼，从正式的打招呼到点头致意，都是人与人交往的一个重要法则。

孩子要学会和他人问候

一个孩子是否有礼貌，不仅仅表现在言语上，更多的是体现在行动上。要想孩子变得有礼貌，父母必须有意识地训练孩子的礼貌行为，让孩子养成讲礼貌的好习惯。孩子在家要懂得待人接物，在外要懂得问候关怀。

露露今年已经十岁了，因为妈妈工作的原因，露露跟着妈妈经常出外旅游，因此结识了不少人。露露妈妈对于露露的礼仪教育一直很是认真，因此露露在外面和陌生人接触的时候也表现得落落大方。过几天就是公司的年会，露露也想去看看，妈妈也同意了。年会上，露露跟在妈妈后面，妈妈说话的时候，露露在一旁静静地听，等到一旁的叔叔阿姨和露露说话时，露露才开口说话。而且每次都笑着问候，称呼得体。即便是见过的叔叔阿姨，露露也表现得很规矩。一场年会下来，露露赢得了不少称赞，妈妈也觉得自己的脸上很有光。

案例分析：

露露所表现出来的得体以及她和陌生人的问候，这些都离不开妈妈对她的悉心教导。露露有着很好的社交能力，不管是在什么场合和环境中，都能恰当地和人问候。在这个过程中，露露不仅提高了自己的社交能力，还赢得了更多的尊重和喜爱。

让孩子学会问候他人，是表现孩子社交能力的一部分。孩子喜欢赞美，作为父母可以根据孩子的礼貌行为，多多地表扬孩子，鼓励孩子。在这个过程中，孩子会着重对自己的行为进行重复，长此以往，孩子在为人处世方面会表现出更为智慧的一面。

父母要时刻提醒孩子

孩子在社交礼仪上需要时间的巩固，而作为父母要时刻提醒孩子。在父母的提醒下，孩子对于社交礼仪会有更为具体的认识，并且印象深刻。孩子只有不断地进行练习和巩固，才能熟练地运用社交礼仪。

正面管教

孩子在社交能力方面的强弱，能够从基本的社会交往中看出来。当父母不断去给孩子重复灌输思想的时候，孩子才能从中懂得社交的意义。打招呼是一件小事，在生活中也随处可见，也是一个人社交能力的基本体现。

规范是为了保护自己关照他人

规范在原则意义上是指明文规定或约定俗成的标准，具有明晰性和合理性。运用在生活方面就变成了各种各样的规矩和人们需要遵守的规定，孩子在社会中生存，规范和准则是他们必须要遵守的。

父母作为孩子的监护人，在生活的点点滴滴中都要教会孩子如何去遵守规范。规范的存在是为了保护自己，也是为了关照他人。父母作为成年人，对于规则的认识想必非常清楚，规则是社会正常运行的法则，是人们生活在社会中的基本保障。

孩子要遵守规范

孩子在社会中成长，就要遵守规范。社会中处处都有规则，家有家规，校有校规，在社会上生存，一样有社会规则需要我们去遵守。遵守规范是孩子走向社会和自我成熟必须要掌握的一项本领，因为孩子需要在社会中成人，在和社会接触的境况下，孩子必然会接触到社会上的规范。

难得周末爸爸不上班，七岁的博文缠着爸爸，非要爸爸带着他去游乐场玩儿一天。爸爸经不起博文的软磨硬泡，于是带着博文去了游乐场，到了游乐场门口的时候，看见长长的队伍，博文有些不开心，想着恐怕轮到他们的时候，已经到中午了。于是博文道："爸爸，你看前面好长的队伍啊。不如我们到前面插队买票吧，否则排晚了，摇摇车都被别人抢走了。"

爸爸说："这可不行，你要做一个文明排队的好孩子。更何况，前面的小朋友们也都在排队。"博文找不到借口反驳，只好跟着爸爸一起排队，等到他们买上票的时候，已经是中午时分了。但是博文想要玩儿的摇摇车前有很多人了，博文很不开心，他直接上前，对着离自己最近的一个小朋友说："你玩儿够了吧，快点下来，让我玩儿一会儿。"爸爸见此很是生气，赶快把博文抱了回来。虽然博文哭喊得很厉害，但是爸爸还是坚持把博文抱到一边。走到僻静的地方，爸爸才把博文放下。任凭博文哭闹，十几分钟后，博文才止住了哭泣。爸爸这个时候才说道："排队是基本的规范，不管什么时候，你都要遵守规范。你排队的时候，你后面的人也在排队。如果有人在你前面插队，你会高兴吗？"博文摇头，然后爸爸才继续说道："你不会高兴，别人自然也不会高兴。而且因为擅自离开队伍，现在回去还要重新排队。现在，你或者先玩儿其他的，或者重新排队。如果再耍赖，爸爸就只能带你回家。"博文点了点头，并且向爸爸道了歉。

案例分析：

博文不想排队，是因为自身对于规范的认识不够清楚。面对不懂遵守规则的孩子，爸爸及时纠正，并说明了原因，如此一来，孩子明白了任何人、任何时候都要有规则意识，这是大家都要遵守的规定，不会因为自己的哭闹而改变。

遵守社会和日常规范，对于孩子来说非常重要。通过慢慢学习，孩子学会了如何遵守规范，如何在规范中保护自己。规范的存在并非针对某一个人，而是需要所有人都去执行，只有所有的人都在执行，规范才得以起作用，而那些遵守规范的人也会从中获益。

父母要监督孩子遵守规范

父母在孩子学习并遵守规范的过程中，要时刻去监督他。孩子只有在父母的监督下，才能懂得规范的重要性。父母监督孩子的同时，更多的是要以身作则。如果父母想要孩子遵守排队的规则，平时自己就应该做到耐心地排队等待。平时无论在家里还是在一些公共场合中，父母都不能随意插队。当孩子表现得十分急躁时，父母可以分散孩子的注意力，和孩子做游戏或者是聊天，要让孩子在排队过程中保持良好的心情。

锦儿周末的时候跟着爸爸一起去图书馆看书，在儿童专区，锦儿坐在位置上看漫画书。这时，来了一个小朋友。锦儿中途出去拿书，等她回来时发现自己的座位上有人。锦儿很不开心，于是直接走了过去，指着座位上的小朋友说道："喂，你占了我的座位，快点起来。"爸爸本来在隔壁的阅读区看书，听到声音赶忙过来。这时就看见锦儿气鼓鼓地站着，另外一个小朋友坐在板凳上，一脸的委屈。

爸爸赶紧过去，把锦儿拉开一些。小朋友的妈妈也闻讯赶来，爸爸抱歉地笑笑，然后说道："锦儿，这是图书馆，是大家看书的地方。你要遵守规范，不能大呼小叫，更何况你已经起来了，这个座位就是空的，别人自然可以坐。"锦儿虽然听了进去，但是这个时候的锦儿还是很执拗的。爸爸看到情况不妙，于是把锦儿拉走了。两人到了图书馆外面开阔的地方，爸爸和锦儿谈了很久，锦儿终于逐渐意识到了自己的错误。

案例分析：

锦儿因为年纪小，并不十分明白所谓的规范是怎么一回事。所以，当她发现有人坐了她之前坐过的位置，很是不高兴，这时爸爸的出现及时制止了孩子的不文明行为，并向她说明了在图书馆要遵守的基本规则，如此一来，在爸爸的教导下，锦儿逐渐明白了遵守规则的重要性。

父母要监督孩子的行为，特别是在孩子学习规范的过程中。孩子的行为是需要不断巩固的，通过行为的重复性让孩子对规范有较为深刻的认识。父母的监督，也是为了让孩子养成良好的习惯。

规范是孩子成长的保护伞

孩子在不断成长，他们需要接触越来越宽广的世界，在这个过程中，需要遵守的规范会越来越多。从学校的校规，到长大参加工作后公司的规章制度，然后再到社会上各种各样的人际规则。当孩子在这个规范中秉持守正时，规范就会成为保护伞，保护着每一个人的权益。

正面管教

孩子不仅要懂得规范的内容，更要学会去遵守。父母要教会孩子去遵守规则，并在孩子学规范的过程中不断监督他们，让他们记住规范。从最开始父母就要告诉孩子，规范是为了保护自己并且关照他人。

孩子需要有合作精神

孩子要有合作意识，善于合作是孩子在未来立足社会不可缺少的重要素质之一。现在的很多孩子都是独生子女，加上父母的过度呵护，使得孩子们做事情时，总喜欢以自我为中心。对此，父母必须要帮助孩子树立正确的合作意识。

在孩子成长的过程中，要让他们学会接受和欣赏别人。有效的合作要求双方能够充分利用各自的优势和资源，弥补各自的不足来共同获取更大的效益。在这个过程中，孩子对于合作伙伴的接纳和欣赏是非常重要的。

父母要告诉孩子合作的重要性

父母作为孩子的首位老师，要在日常生活中告诉孩子合作的重要性，甚至可以以身作则，以此让孩子懂得合作对于现代社会的重要意义。要让孩子知道在合作中才能实现真正的双赢。父母最好的教育就是以身作则，这样的教育才是真正良好的教育。

在小千上小学时，爸爸就一直对小千说：在学校要和同学们好好相处，遇到困难要和同学一起克服。小千听了不少，但是发现做起来很难。好几次，小千都向爸爸抱怨，爸爸一直想找个机会给小千一些建议。周六的一天，爸爸趁着周六加班的时候，把小千带去了公司。爸爸想让小千看到合作和团队的重要性。小千的爸爸是一名工程师，专门负责绘图。但是在绘图的过程中，需要同事一起做，因为构件图的复杂，分工来做更为迅速。小千坐在不远处看着爸爸和三个叔叔在桌子上研究一张图纸，然后看着他们四个人一起拿着笔在上面勾线。

半个小时后，小千爸爸招手让小千过去。小千走过去看见已经完成的大楼图，发出了惊呼。爸爸趁机说道："你看，爸爸和叔叔们一起合作，才能画出最好看的图。如果光是爸爸一个人来，是完全做不到的。这就是合作的重要性，每个人把自己的优势展现出来，最后的结果就是最好的。"小千明白了爸爸的话，郑重地点了点头。

案例分析：

爸爸为了让小千懂得合作的重要性，把小千带到了自己工作的地方，通过让小千亲身感受合作的力量，让小千对合作有了新的认识。从故事中不难看出，言传身教是对孩子最好的教育，有了爸爸为榜样，小千从中学到了很多的东西。

父母不仅要教会孩子合作，更要让孩子懂得什么是真正的合作。合作能力对于孩子来说，至关重要，不管孩子在未来从事什么行业，都需要与他人合作。只有当孩子在生活中切实体会到合作的重要性，才能把合作落实下去。

让孩子在日常中学会合作

最好的合作，就是在日常生活中的合作，因为日常生活中的合作能够保障孩子不断地去理解合作的重要性。父母要鼓励孩子多多参加集体活动，在集体活动中体会合作的力量和神奇之处，这样对孩子以后融入社会中有很好的影响。当孩子能够融入集体中时，有助于孩子养成开朗、大方、乐于助人等优秀品质。

相关调查显示，那些合群而又喜欢参加集体活动的孩子，不管是知识范围还是语言表达能力，均优于那些不爱交往且孤僻的孩子。

阿勒放学回到了家，妈妈见阿勒满脸不高兴，于是询问了原因。阿勒说道：“老师布置作业，让每个小组做一个手工玩具，可是我们小组意见不合，我想自己做，没有他们，我一个人也可以的。”妈妈本想劝说一下，但是看到阿勒坚持的样子，决定先等等看。

阿勒自己画了图，准备动手做一个变形金刚的手工盒子玩具。但是因为家里没有足够的材料，阿勒一晚上也只是画了个图。妈妈看着阿勒垂头丧气的样子，温柔地说：“妈妈觉得这图画得很好，你为何不拿给小组的同学看看呢？如果大家同意的话，明天你们就能一起去买材料了。如果他们有好的意见，你还能再完善一下。”阿勒听了妈妈的意见后，把图拍了照片，发给了小组的成员。过了一会儿，阿勒收到了很多的称赞，大家都说可以按照这个来做。别的小朋友说自己家有箱子，可以提供，于是阿勒兴致勃勃地拿着妈妈的手机和其他组员谈论了起来。

案例分析：

阿勒因为合作中出现问题，便不想再合作下去。但是妈妈的鼓励和意见让阿勒再一次和小组的伙伴走到了一起，在和小组伙伴的沟通中，阿勒得到了来自小组伙伴的帮助，小组成员提供材料能够解决阿勒的需要。在这一过程中，阿勒也体会到了合作的力量。

当孩子学会在日常生活中和他人合作时，就能看到更为广阔的世界。在团队中学会合作和成长，既有团队之间的竞争和对抗，又有团队内部的合作，可以很好地培养孩子的合作能力和团队精神。

会合作的孩子更加受欢迎

会合作的孩子不管是在团队中，还是在日常生活中，都会受到身边人的欢迎，因为他们懂得如何去和外界相处，并能够在和外界相处的过程中找到快乐。当孩子在合作的过程中找到快乐时，他们会更加乐意去和他人合作，而孩子也在这个过程中受到更热烈的欢迎。

正面管教

孩子要学会合作，在合作的过程中，才能学会如何更好地和世界相处。合作精神是孩子在社会上生存的本领，是他们在未来的社会中工作的能力。合作精神要从小培养，当孩子从合作中体会到乐趣，就能理解合作的意义了。

LOGICAL PERSUASION

第八章

适时松开线，让孩子学会自己解决问题

在孩子成长的过程中，父母要适当松开线，爱孩子就要让他们自己去飞。孩子要学会自己解决问题，学会不过度依赖父母，这是孩子未来能够更好地生存的本领。作为父母，也许看不得孩子吃苦，但是要知道，磨难也是一种动力，只有当孩子学会自己去解决问题时，他们的人生才能更加美好。

告诉孩子失败了再尝试一次

在生活中，我们不可能事事成功，面对失败，每个人都需要去尝试一次。在孩子成长的道路上，必须要懂得这个道理。无论孩子遇到怎样的困难，父母都要告诉孩子努力去做，不管事情最后如何，都应该再尝试一次。

失败是成功之母，是孩子在成长的过程中需要明白的一个真理。孩子的心理与成年人相比还不够成熟，在面对失败时，不能很好地去应对，这时就需要父母的鼓励，并帮助他们克服眼前的困难。

失败过的孩子需要鼓励

当孩子失败时，父母要及时鼓励，以此维护孩子的自尊心。当孩子失败时，孩子本身已经很着急，如果父母这个时候还一味训斥的话，很容易导致孩子一蹶不振。我们要知道，孩子的心灵是很脆弱的，他们需要父母及时地给予鼓励。

已经工作的晓云一直不会骑自行车，这让很多人感到奇怪。原来，在她小时候学自行车时发生了一件事情。晓云十岁那年，她和小伙伴一样开始学习骑自行车。晓云练习得很是认真，也吃了不少苦头，经常连人带车摔倒在地上。晓云的父亲是个暴脾气，在旁边一直指导她，并帮她扶车，每次晓云摔倒后，父亲都很着急恼火，大声训斥晓云是笨蛋，说晓云没有出息。在父亲的骂声中，晓云非但没有进步，反而胆子越来越小，到后来连踏上自行车的勇气都没有了。

晓云始终对学骑自行车充满了恐惧，这成了她的一块心病。虽然后来她也尝试过几次，但是心理上的障碍让她每次都无功而返。最终，晓云也没有学会骑自行车。

案例分析：

失败是每个孩子的必经之路，但是父亲对晓云的责骂却让晓云失去了学习的信心和热情。从这一故事中，我们可以得出这样一个结论：当孩子失败时，更需要得到我们的鼓励，一旦得不到的话，就会让他们怀疑自己。

孩子在多次失败中都得不到父母的引导，很容易失去自信，变得软弱和退缩。因此，孩子父母要及时鼓励失败了的孩子，让他们知道，失败了不可怕，只要鼓足勇气再尝试一次。

孩子要找到失败后的勇气

孩子需要父母给自己一份勇气，一份失败后能够重新振作起来的勇气。除了父母给予勇气之外，还要引导孩子自己去寻找，找到属于自己的力量。

一天，保罗在自己家的草坪上教8岁的女儿安琪使用小型除草机。当保罗在教安琪如何掉头的时候，妻子喊他接电话。于是，保罗就回了房间，留安琪一个人在草坪上。等到保罗回来的时候，被眼前的景象吓了一跳，原本保罗种的花圃被安琪推着的除草机碾为一片，根本看不出原来的样子了。

保罗很是生气，因为这一片花圃是保罗自己辛辛苦苦了好几个月才种出来的。如今不到片刻的时间，就被安琪弄成了一团乱麻。当保罗站在台阶上，正准备开口训斥安琪的时候，妻子出来拍了拍保罗的肩膀。并且对保罗说："你要知道，你在养花过程中也曾失败过，现在这样对安琪，是不公平的。更何况，她是个孩子，她有失败的权利。"

被妻子的话点醒了的保罗耐心地走了过去，重新教安琪如何正确地使用除草机掉头，安琪也对刚才自己的失误表示了歉意，并且答应保罗会好好照顾花草。

案例分析：

保罗因为安琪在除草上的失败而准备大发雷霆，但是妻子的话让保罗平复了情绪。对于安琪的失败，妻子看到了其中的意义。安琪是一个孩子，她可以失败，因为她还在学习。但是当安琪失败后，保罗和妻子依旧愿意给安琪机会去尝试，这才是真正的教育。

生活中经常会出现这样的事情，孩子会在不经意间搞破坏，父母对于孩子的指责大多时候是无用的。既然事情已经发生，再多的斥责也挽救不了什么，父母还不如给孩子机会教孩子如何在失败中站起来。作为孩子，本身已经承受了失败的后果，他们在失败中得到了教训，有时候会害怕惩罚，而不愿意再去尝试，这个时候，就需要父母出面去鼓励他们。

孩子在失败中成长

父母给孩子继续尝试的机会，当孩子害怕失败时，父母不妨把孩子的目标从成功降为尝试，让孩子轻松上阵。失败过的孩子，其实更加容易成长，因为他们懂得失败的滋味，也能在失败中获取教训，这一点对于他们来说是至关重要的。更为重要的是，孩子们在重新尝试的过程中，找到了勇气，那是失败后重新振作的勇气，这一份勇气会伴随他们一生，陪伴他们成长。

正面管教

父母要教会孩子在失败后再尝试一次，在这个过程中，孩子才能学会更好地对待生活。因为在生活中存在太多的问题，很多时候，孩子会避免不了失败，在失败之后，孩子更多是要找到重新尝试的勇气。

教会孩子科学地规划自己

天下所有的父母都希望自己的孩子在将来能够有出息，但是成功不是一蹴而就的，孩子的成长不是一朝一夕的事情，是需要经过长期的培养才能看到效果的。在孩子成长的过程中，有些父母在孩子出生时，就为孩子规划好了一切。父母想要孩子走的路，只是父母眼中的路，不一定是孩子心中的路。

父母对孩子的规划，并不完全有利于孩子成长。让孩子走父母规划的道路，很容易导致孩子缺乏主动性，也容易产生逆反心理。所以，父母最好的做法就是要教会孩子如何规划人生，而不是替孩子规划人生。父母可以根据孩子的特长和兴趣，和孩子一起规划他们的人生蓝图。

发现孩子的特长，然后鼓励发展

父母应该及时发现孩子从小表现出来的特长，引导孩子把这种特长深入发展。如果特长发展到一定阶段，孩子依旧有将其长期发展下去的意愿，父母就要引导孩子对这一特长制定一定的规划，并且要鼓励孩子朝着期望的目标努力。

熙然从小就是孩子王，不管是在学校还是社区，身边总是汇聚着大大小小的一群孩子。他们有了什么难题和纠纷总是来找熙然帮忙解决。一天，妈妈无意中看到了熙然为两个男孩调解矛盾的过程。虽然他们的年龄要比熙然还要大一些，但是明显赞同熙然的处理方式。这次发现之后，妈妈总会有意识地引导熙然发挥自己的交际天赋，如鼓励熙然参加班干部的竞选，让熙然去招待家里的客人，甚至会带着熙然去接触更多的人。

因为熙然的自我认识和发展，加上妈妈的引导和培养，让熙然在上学阶段一直是班里的班干部，而熙然的为人处世能力也不断增进。如今，熙然在一家外企从事人事工作，在员工中间具有很强的凝聚力。除此之外，熙然还拥有美满的家庭，虽然丈夫的事业没有那么成功，但夫妻关系非常和谐、融洽。

案例分析：

熙然的妈妈发现了熙然的特长，于是加以引导，把熙然身上的潜质全数挖掘了出来。在此基础上，熙然也逐渐发现了自己的特长，并且利用自己的特长，在生活和事业上都获得了成功。

父母要看到孩子的长处，以此为基础去挖掘孩子的成长财富。孩子的人生是要自己走的，不是父母能够安排的。不管孩子选择了怎样的道路，都是孩子自己的选择。父母可以提出自己的意见，可以帮助孩子更好更科学地面对人生的选择，但是却不能替他们去规划人生。

让孩子自己选择未来的职业

在孩子小的时候，父母也许会设想孩子将来要从事什么职业，然后根据自己的想法让孩子去学习该领域的技能和知识。这样的安排，对于孩子来说是不利的，是压制他们成长的。当孩子选择职业时，父母要抛弃独裁者的角色，让孩子自己去选择。

父母要帮助孩子去了解自己，做好自我评价，然后再引导孩子关注社会的职业需求情况，让孩子根据社会需求结合自己的特长，去思考自己的职业规划。也许在父母眼中，孩子还小，他们大多未曾接触社会，不太了解各个行业的特点，在孩子自由选择职业时会有一定的影响。这个时候，就需要父母的帮助，父母可以告诉孩子某些职业的从业要求、就业环境、发展趋势等。父母不妨让孩子了解这些职业的相关事宜，在尊重孩子的基础上，也尊重孩子的选择。

在美国，不管是家庭还是学校都很注重对孩子的职业意识的培养。很多学校在低年级就会开设人生规划与职业指导课程，为了让孩子能够在未来对自己即将要从事的职业做好相关知识、技能和综合素质方面的准备。学校会开设各种职业体验、兼职工作、志愿者活动，以此让孩子们提升自己的职业能力和综合素质。当孩子们在学校里体会了各种职业的乐趣之后，他们才会在未来的职业选择中有所规划。

案例分析：

不同的教育方式会教育出不一样的孩子，美国学校所开设的一些课程，对于孩子的发展更为自由化。也许对于十几岁的孩子来说，他们的职业兴趣还没有定型，但是种种实践活动确实会对他们显露出的兴趣特长有所引导，也会为他们将来的职业选择打下基础。

孩子的职业规划，也许在父母眼中是很久远的事情，或者会认为这不是孩子应该操心的事，因为父母会直接为孩子拿主意。但是这样的人生，并不一定适合孩子，父母要知道，孩子的人生是要他们自己走下去。他们在未来几十年的社会生活中，所要做的，就是做他们自己喜欢的工作。

孩子有他自己的人生

孩子有自己的人生，不是所有父母给孩子的规划都是适合孩子的。父母要知道，社会的发展不仅仅需要高端人才，也需要千千万万的普通劳动者，培养孩子，父母不妨顺其自然、因材施教，让孩子按照自己的意愿发展，而不是强行让他们按照父母设计好的轨道生活。孩子的未来要让他们自己规划，因为那是他们要走的路。

正面管教

规划人生是一种历程，孩子需要亲自参与。当孩子认清自己的想法，才会对未来有所期待。父母要教会孩子如何去看待自己的人生，如何去规划未来的职业和理想，这才是真正的教育。

信任孩子才会让孩子更好地成长

很多时候，父母在不经意间会伤害孩子的自信心，父母不信任孩子，会给孩子造成很大的心理影响。生活中，父母也许会在孩子进行一项活动时，制止孩子的行为。父母不相信孩子能够做到一些事情，而孩子因为得不到父母的信任而开始怀疑自身。

很多孩子会觉得父母不够信任自己，孩子交朋友时，父母会过问。当孩子一个人独处时，父母会时不时地进来查看，确认孩子是否在学习或者是在进行有意义的事情。父母不放心孩子，不相信孩子有自己的判断能力，有时候甚至想要把孩子的一切事情都放在自己的掌控之下。

给孩子一定的信任

父母要记住，孩子是一个渐渐长大的独立个体，他们有着想要独立自主的强烈愿望。当孩子达到能够自理的年龄，父母若还是对他们事情大包大揽，很容易加重孩子的依赖心理，或者导致他们产生逆反情绪。

事实上，孩子要比父母想象中的更能干，他们有着很大的潜力，只要父母尊重他们独立的个性，对他们抱有信心，给他们独立的空间和机会，他们就会给父母很多的惊喜。

希尔从小就被认为是一个没有出息的人，因为他实在是太调皮了，而且非常不听话和不懂礼貌。以至于不管出了什么事情，人人都会怀疑是希尔做的。而在这些怀疑中，所有的证据都说的和真的一样。后来希尔的母亲去世了，父亲和兄弟们把他看作坏孩子，认为他无可救药。既然大家都这样看待自己，希尔索性破罐子破摔。

后来，希尔的父亲再婚，但是希尔认为这不会给自己的生活带来任何的变化。等到继母来的第一天，她走遍了家里的每一个房间，愉快地和每个人都打了招呼。当她走到希尔面前时，希尔双手交叉叠在胸前，凝视着她，眼里没有丝毫欢迎的意思。父亲对继母说："这就是希尔，家里最坏的一个孩子。"继母听了，微笑着把双手放在希尔的肩膀上，看着希尔的眼睛说："这是最坏的孩子吗？完全不像！他倒是像这些孩子中最聪明的一个，而我们要做的就是把他这些优秀的品质挖掘出来。"

从那以后，继母总是不断鼓励希尔，让他依靠自己的力量坚毅地前进。继母的教导和支持给了希尔巨大的动力。这个众人眼中的坏孩子，在继母的信任和鼓励下成了美国著名的成功学大师。

案例分析：

因为继母的信任，让希尔能够在成长中发生改变。如果不是继母的信任，希尔的人生轨迹也许就这么一直平庸下去，对于希尔来说，这一份信任是激发希尔内心向上的力量。

只要父母对孩子充满信心，对孩子给予足够的尊重，孩子的自信心和独立意识就会增强，也会变得更加出色。信任孩子，就要更加尊重孩子的想法，让他们按照自己的思路去对待事情。当孩子的自我意识觉醒，他们会自己去评价事情的好坏，对待外界的事情，他们也有自己的选择。

得到信任的孩子会做得更好

孩子成长的每个年龄阶段都有其特有的身心发展特点和生活内容，父母应该充分信任孩子，给他们一定的自由空间，让孩子自主选择和自由探索，把原本属于他们的权利还给他们。只有这样，孩子身心上的巨大潜能才能得到挖掘。

作为父母，要放下架子，把自己放在和孩子平等的位置上，寻求与孩子心理上的沟通和默契，使他们从中感受到父母的爱和自身的价值。

涛涛的爸爸出差了，妈妈独自照料儿子。妈妈胆子小，楼上有人养了一条大狗，每次上楼，狗一叫，妈妈就会吓得打哆嗦。爸爸出差之后，妈妈对儿子说："这回惨了，你爸爸出差了，我连楼都不敢上了。你要保护妈妈，一切全靠你了。"儿子拍着胸脯说："别怕，妈妈，我来保护你。"于是，在爸爸出差的日子里，每次上楼，儿子走前面，妈妈跟在后面。大狗一叫，儿子虽然也害怕，却壮着胆子对妈妈说："别怕，有我呢！跟我走！"渐渐地，形成了一个惯例，不管在任何场合，儿子都争着保护妈妈。

案例分析：

涛涛的妈妈在适当的时候示弱，把信任赋予涛涛，正是因为这份信任，激发了涛涛的信心和勇气，让涛涛能够在适当的时候站出来承担保护妈妈的角色。在这样的情况下，涛涛不仅仅学会了自强，更懂得了承担责任。

父母给予孩子的信任，会在孩子的心中形成一种力量，让孩子知道他们自己可以成长得更好。当孩子在父母那里得到足够的信任时，他们会更加乐观地看待生活中的困难。父母对于孩子的信任，对于孩子来说，是心灵上的力量，更是塑造他们完善人格的助力。

父母需要放开手

父母要给予孩子信任，其实也就是要放开手，父母要让孩子自己去做一些事情，并且让孩子在这个过程中学会和世界相处。父母相信孩子能够完成一些事情的时候，孩子内心会产生成就感，这份成就感让孩子在对待外界的事情上，能够有自己的想法和主意。

孩子终究是需要一个人成长的，父母可以帮助孩子走得更远，但是却不能扶着他们走一辈子。当父母放开手让孩子自己去飞翔时，父母也许会发现孩子可以飞得更高，当孩子不断前进，不断朝着自己的目标努力时，才能遇到更好的人生。

正面管教

父母要信任孩子，孩子才会由内而外地产生力量，这一份力量是孩子前进的动力。父母不能总是觉得孩子还小，就不相信他们，事实上孩子要比父母想象中的坚强得多。多一点信任，孩子才能多一份自信，这样的成长才是真正的成长。

父母要让孩子拥有自主权

现如今，许多家长的过度保护都会让孩子失去很多独立思考和承担责任的机会，越来越多的孩子在生活中面对选择时缺乏自主性，同时也缺乏自我意识。如果任由这种情况长期发展下去，他们会很难在竞争激烈的社会中站稳脚跟。

如果父母想要孩子能在未来开拓出更为广阔的发展空间，父母就要把选择的权利还给孩子。当孩子拥有自主权，他们才对自己的想法抱有更高的希望，对事情才会有判断。不过在现实生活中，很多时候，父母都会越俎代庖，不断插手孩子的事情，或者直接替孩子做选择。

父母不要强求孩子

不少父母抱有这样的心态，养孩子就要什么都照顾到，从生活琐事到思考问题都代办到底。于是，随着时间的拉长，孩子也会变得懒惰，会形成依赖心理，缺乏自主意识和自理能力。父母在孩子身上寄予厚望，想要把最好的一切给他们，包括父母自己的愿望，但每一个人都有各自的兴趣和偏好，当父母过度干涉孩子的自主选择权时，孩子的内心会更加抗拒，甚至采取消极的方式来反击。

小叶刚刚结束了中考，在选择高一级学校的问题上，和父母产生了分歧。小叶的父母都是知识分子，希望小叶将来也能像他们一样做教授或者医生，所以他们坚持让小叶上普通高中。但是小叶热爱音乐，一心想要考取音乐学校。最终的结果，还是父母占了上风，他们私自给小叶在一所普通高中报了名。他们以为这样做就能让小叶死心，乖乖地在学校念书。但事情并没有像他们想象中的那样发展。

小叶上了高中并没有成为乖乖的学生，而是经常逃课，夜里还跟同学一起翻出学校的围墙到网吧上网，直到最后因为严重违反校纪而被学校开除。小叶的父母很是无奈，和父母的忧虑心情不同，小叶反而显得很高兴。有人问小叶为什么被开除了还这么高兴，小叶说："我根本不喜欢这所学校，我想上的是音乐学校，但是父母坚决反对。我没有自己的权利，什么都要我听他们的。"

案例分析：

小叶的父母因为不顾孩子的意愿强迫她去做自己不愿意的事情，所以导致了这样的结果。父母剥夺了小叶的选择权，强迫小叶去上她不想上的学校，所以小叶才采取了消极的反抗方式，这样非常不利于亲子之间的关系。

也许在父母眼中，孩子还小，父母为孩子做选择是可以的，更是负责任的。但是事实上，他们已经有了自己的明确想法。父母对孩子的爱有很多种，但首要一条就是要尊重他们，尊重他们的选择，这才是他们最想要的爱。

孩子能够自己做决定

孩子自己去做选择，也许在这个过程中，他们做出的选择不够正确，也不一定符合现实，但是不管属于哪种情况，父母最好不要去干涉，最恰当的做法就是适当引导。每个人都有自己的志向，要让孩子做自己喜欢的事情，走自己的路。

一位中国母亲带着儿子去法国旅游，一天，这位母亲和儿子来到法国朋友家做客。热情好客的女主人问客人喝点什么，母亲回答说："随便吧，都可以。"女主人扭头问男孩想要喝点什么，还没有等男孩开口，这位母亲又抢先说："别管他，我喝什么，他喝什么。"女主人微笑着说道："还是让孩子自己选吧，这是他自己要喝的啊。"

女主人看着男孩，眼神中充满了鼓励。男孩看了看母亲的脸，才鼓着勇气说道："我想要一杯橙汁。"女主人点了点头，转身进了厨房。母亲坐在一旁，有些拉着脸，但也很快地调整了心情，扭头和法国朋友聊天。谈到孩子的问题时，男孩母亲好奇朋友的孩子去了哪里，朋友说道："他们出去玩儿篮球了，估计得玩儿好久一会儿。"女主人把茶点端了出来，男孩道了声谢，开始享用美味的茶点。法国好友和男孩母亲在一边聊天，男孩母亲说到给孩子做判断的时候，好友说道："孩子有自己的选择，我也相信我的孩子能够做好自己的选择。"男孩母亲因为好友的一句话，陷入了沉思。

案例分析：

男孩想要喝什么，本应该是由自己选择，这是他的权利，母亲不应该越权代办。法国好友在尊重孩子选择这件事上，起到了很好的表率作用。法国好友给了男孩选择的权利，让男孩的自主权得到了充分的尊重，而他的"孩子能够做好自己的选择"的言论，也让这位母亲开始反思自己的行为。

孩子本身可以自己去做选择，孩子身上有着不可低估的力量，他们在面对外界的事情时，会有自己的判断。孩子在逐渐长大的过程中，判断能力也在不断提升，他们有着自己的喜欢的事情，也知道真正适合自己的是什么，完全能够明确自己将来的方向。

拥有自主权的孩子更加优秀

孩子最终是要离开父母身边的，他们要拥有自己的人生，去开拓属于他们的发展空间。如果孩子从小就没有选择的权利，从来没有体验过选择的滋味，那么长大后就很难正确地选择适合自己的发展道路。

当孩子有了自己的主见，并且表示会对自己的选择负责时，父母一定要给予支持，哪怕是失败了，对孩子来说也是一次难得的经验积累，当经验积累到一定程度之后，成功也会随之而来。

正面管教

要给孩子自主选择的权利，这是每一个父母要做到的，只有拥有自主选择权的孩子，才能把自己的人生走得更好。更为重要的是，在孩子自主选择的同时，能够对自己有所认识，这种由心而生的看法能成为孩子不断进步的力量。

要让孩子说出自己的想法

每一个孩子内心都是有自己的想法的，听话的孩子固然会让父母省心，但是长此以往，孩子会渐渐忘了自己的初衷。在生活中，父母要鼓励孩子说出自己的想法，只有孩子说出自己的想法，才能让父母更好地了解孩子，也能让孩子更好地成长。

思想的奇妙，是人们在社会中大放异彩的源泉，父母希望孩子能够成为一个优秀的人。当我们希望孩子变得更为优秀时，那就一定要让孩子说出自己的想法，以此培养孩子独立思考能力。在这个思想火花迸溅的时代，孩子的独立思考对于他们来说非常重要。

给孩子表达的机会

有些时候，孩子的想法在我们看来有些天真，但这些确实是孩子内心最真实的想法。父母不能总以孩子小为理由，来搪塞孩子。不管多小的孩子，他们的想法都应该被人尊重。作为父母，要给孩子表达自己想法的权利，鼓励孩子说出自己的想法。不仅要给孩子表达的机会，更要给孩子争辩的权利。

一天晚上，妈妈和刚上小学的儿子争执了起来。儿子大声说："您这样做是不对的，我有看电视的自由。"妈妈很是生气，于是大声斥责儿子："我说了，不许看就是不许看，明天一早还要上学呢！起不来怎么办？"妈妈一边冲过去关电视，一边对着儿子瞪眼睛。儿子大声吼道："你要打我吗？打我是犯法的，未成年人保护法！"听了儿子的话，妈妈实在是忍不住，一边说："看谁来保护你"，一边朝着儿子的小屁股拍了几巴掌。儿子大哭起来，显得十分委屈。

第二天，在送儿子去学校的路上，妈妈向儿子道了歉。儿子也很不好意思，对妈妈说："那我也应该向您道歉，我不应该用那种语气和您说话。"妈妈这个时候突然想到，儿子之前一直很听话，昨晚到底是怎么了？妈妈问了才知道，原来儿子昨天因为字写得好，被老师表扬了，所以决定奖励自己看一段动画片。妈妈问儿子："那你昨晚怎么不说呢？"儿子委屈地说道："昨晚您有给我说话的权利吗？"

案例分析：

孩子和妈妈发生争吵，儿子有自己的想法，但还没有来得及和妈妈说，就被打断了，妈妈的权威让孩子喘不过气来，孩子连说话的机会都没有，这显然是不对的，也是值得每个家长都反思的。

孩子和父母争辩其实也是一件有好处的事情，在争辩中，彼此可以知道各自的想法，更为重要的是在争辩中，能够帮助孩子变得更加自信和独立。孩子能够在争辩中感觉到自己受到了重视，知道怎么样才能贯彻自己的意志。当孩子的争辩获得了"胜利"时，会从中获得一种成就感。这种争辩方式既是估量自己能力的机会，同时也锻炼了孩子本身的意志。

鼓励孩子大声说出自己的想法

父母要鼓励孩子说出自己的想法，不管是什么情况，父母都要给孩子更多的耐心，让孩子大着胆子把心里话说出来。不管孩子的想法是否荒谬，都是来自孩子的内心。父母要想了解孩子的内心世界，就要了解孩子的想法。

小艾放学回家后，心情不是很好，于是站在门口和妈妈说道：“妈妈，我……”妈妈关切地看着女儿，把她搂在怀里安慰道：“怎么啦？好好说，别着急。”小艾这才委屈地说道：“原本今天放学，跟乐乐说好要一起回家。可是放了学，我就找不到她人了，我等了她好长时间。直到天黑了，学校都没人了，我才一个人回来。”

妈妈虽然心疼小艾，但还是劝解道：“她可能忘记了，或者临时有事，明天到学校问问她。不要哭，事情解释清楚了就行了，不要总放在心上。”

但是小艾还是沉浸在悲伤的情绪中，带着哭腔说：“她有事为什么不说，无论如何，她都不该忘记我们的约定，让我等了这么长时间，我真伤心！”妈妈想了想说道：“那你想怎么办呢？”小艾说道：“她要跟我道歉的，不然我就不理她。”

妈妈想笑又有些无奈，只好抚摸着小艾的头说：“好孩子，每个人都会无意间犯错误。朋友关系要持久，就要体谅，你的话也有道理，明天去了等等乐乐的解释好不好？”正在这时，电话铃声响起，妈妈拿起听筒。“是乐乐打来的，她问你回来没有，并表示道歉。”女儿破涕而笑，接过话筒说：“乐乐，没关系，我们还是好朋友！”

案例分析：

妈妈耐心倾听了小艾不开心的理由，并鼓励她把内心的想法说出来。这种良好的沟通方式，不仅有效安抚了小艾的情绪，还让妈妈彻底放下心来。

父母要鼓励孩子把内心的想法说出来，以便于理解孩子的心情，要知道孩子的想法是孩子内心的真实表现。只有表达出来，才不会沉浸在自己的情绪世界中无法自拔，也才能发现更大的世界。

父母是孩子最好的听众

从小到大，父母都是孩子最好的依赖，在孩子小的时候，孩子最愿意把自己的内心想法分享给父母。这个时候，如果父母能够更好地接受孩子的想法，也能有效拉近孩子和父母之间的关系。

随着孩子不断长大，想法也会多起来。这时，如果父母想要去了解孩子的内心世界，就需要花费更多的时间和精力。所以，父母应该引导孩子说出自己的想法，让孩子多一份自信和分享，不管什么时候，父母都能了解孩子心中的想法。

正面管教

语言是孩子重要的表达工具，让孩子大声说出自己的想法，情绪才不会受到压抑。当孩子表达清楚自己的意见时，才能获得更多的关注和帮助。

不要事事插手，让孩子自己解决

生活中，许多父母变成了孩子的“贴身保镖”，成为孩子的“贴身保姆”，当孩子遇到问题时，父母化身为无所不能的人。当孩子不会做题时，父母替孩子思考；当孩子和小伙伴闹矛盾时，父母替孩子解决。原本应该由孩子去做的事情，父母都包办代替，最终导致孩子失去了独立能力。

父母事事插手，看似是在保护孩子，实际上会给孩子形成很大的心理依赖感。随着时间的流逝，孩子的自我探索和自我学习的能力就会下降，孩子也许会变得懦弱甚至是自卑。成长是孩子自己的事情，父母代替不了，当孩子在生活中遇到问题时，父母应该给孩子机会，让孩子学着自己解决。

教会孩子要自己解决问题

当孩子对外界存在疑问时，父母要教会孩子去解决问题。“去给孩子解决问题”与“教会孩子去解决问题”这是两个完全不同的概念，父母要切实意识到其中的深意。父母不可能陪孩子走完全部人生，孩子有自己的人生要去面对，所以，不要事事插手，让孩子自己解决问题。

明明在楼下和几个小朋友一起玩耍，妈妈和邻居们在一旁聊天，忽然明明跑过来对妈妈说：“妈妈，他抢我玩具。”说着用手指指着其中一个小男孩，原来明明是来找妈妈当救兵的。不过妈妈并没有拉着明明去跟那个小男孩讲理，而是蹲下身子，对他们说：“好朋友之间，有好的玩具就要学会分享，一个人独占是不对的。”说完，妈妈就转身离开了。妈妈躲在一旁偷偷地看着他们，只见那个小朋友轻轻地说了一句“对不起”，明明在接过玩具后也说了一句“没关系”，就这样，两个小家伙又开心地玩儿了起来。

案例分析：

当明明和其他小朋友因为争抢玩具而发生争执时，妈妈没有直接去帮助他，而是告诉他解决问题的办法，然后让他们自己去解决矛盾。而明明也很好地解决了问题，在解决问题的过程中，我们看到了明明的行动力。

孩子在生活中，避免不了要和周围的小伙伴产生矛盾，当孩子和小伙伴之间出现问题时。作为父母要冷静地观察，并鼓励、引导孩子去发挥自己的能力，让孩子独自解决问题。

父母事事插手实际是在害孩子

要想培养孩子独立，父母应该放开手，适时地做一个懒人，让孩子自己解决遇到的问题。在这个过程中，父母可以给予孩子适当的帮助，但是绝对不是百分百地插手解决。不管是一个鼓励的眼神，还是一个热情的拥抱，都会给孩子莫大的勇气和力量，所以当孩子试着自己解决问题时，不妨多给他一些鼓励。

小海是家里的独生子，所以备受宠爱。妈妈几乎是事无巨细地照顾小海，不管什么事情，都给小海做好。在小海上小学之后，爸爸觉得有必要培养一下小海的独立精神，于是趁着暑假，给小海报了夏令营。爸爸想让小海去锻炼一下，妈妈虽然很是担忧，但还是同意了。小海因为好奇夏令营的活动，所以一开始也兴致勃勃地做着准备。

妈妈把小海参加夏令营的东西全部都准备好了，等到了出发的那一天，把小海送去了集合点。小海第一次跟着很多人出去，自然是兴致盎然，但是等到了夏令营的地方，小海才发现自己什么都不会。妈妈提前准备的东西，小海并不会操作。眼看着身边的小伙伴都把帐篷撑了起来，但是小海却根本不知道该先做什么。后来还是夏令营的老师帮助小海安装好帐篷，在之后的旅程里，小海自己能够解决的事情寥寥无几。

案例分析：

小海的妈妈对小海的生活事事插手，让小海没有自己解决问题的能力。所以，小海才会在夏令营的活动中暴露了诸多问题，面对生活的考验，小海并没有能力来解决问题。小海妈妈过度地插手，才造成了如今的局面。

父母要给孩子灌输一种思想，那就是自己能做的事情自己去做。孩子需要在生活中锻炼自己，孩子也需要自己去解决问题。这个过程中，父母的态度至关重要，只有父母认识到自身的问题，才能正确地去对待孩子。只有父母真正放手，才能让孩子自己去努力解决问题。

要有方法地去爱孩子

父母在关爱孩子的过程中，要有方法地去对孩子进行疼爱，孩子的事情能让孩子自己去做就一定要让他去做。锻炼孩子成长，是爱孩子的重要方法。真正地爱孩子，一定是要更好地考虑到孩子的未来。父母在适当的时候放开自己的手，就是对孩子最大的爱护。

正面管教

孩子需要学会自己去解决问题，面对生活中的难题，父母不能一味地替孩子去想办法。许多时候，孩子需要自己去找到解决问题的方法。父母在孩子的事情上总是插手，会让孩子失去对外界事物的基本判断能力，这样的教育对孩子非常不利。

适当地经历挫折，要让孩子输得起

不经历风雨，怎能见彩虹，孩子的成长是需要教训的，即便是很痛，但只有经历了这些痛苦，才能让孩子成长起来。孩子不能只在安逸的环境下生存，面对生活和学习中的挑战，孩子要有信心去面对。

现在的孩子多是独生子女，加上娇生惯养，导致孩子的抗挫折能力越来越低。随着不断长大，孩子必须要自己去面对社会上的各种挫折和困难，如果没有一定的抗挫折能力，就无法面对社会的重重困难。那么，父母该如何去做呢？

父母要先松开线

父母不能对子女过分溺爱，任何罪都舍不得让孩子受，这样教养出来的孩子，势必经受不住社会上的风吹雨打。只有父母松开手中的线，才能让孩子更好地成长，只有这样才是对孩子最大的帮助。

小虎跟着爸爸回到了乡下爷爷家，小虎看着爷爷院子里的那颗大槐树，很是好奇，于是就想往上爬。虽然爸爸说爬树可能会让自己受伤，但小虎依旧不为所动，当爸爸不注意的时候，他就往树上爬去。爸爸在屋子里透过窗户看见了小虎的行径，皱了皱眉，然后从后门出去了。

小虎手脚并用地爬到了树干的中间部分，他向远处眺望，看到了更远处的地方。等小虎再往上爬的时候，脚下的树枝咔嚓一声，虽然他赶紧伸手拉了一下身旁的树枝，但还是掉了下去。等到小虎落在地上的时候，发现身下软软的，睁开眼时，才看见爸爸站在一旁，小虎落在了一块海绵垫上。小虎吓得哇哇大哭，想要找爸爸抱一抱，但是爸爸很严肃地说："一开始的时候让你不要上去，你不听，刚才摔下来的时候，你有没有想过自己莽撞的行为？"

小虎垂着头，低声说道："我知道错了，以后不会莽撞了。"爸爸接着说道："面对危险，你以后得自己判断，不过，爸爸仍然要表扬你的冒险精神。所以，一功一过，抵消了。走吧，回去给你贴创可贴。"小虎这才发现自己的胳膊上被树枝划出了血痕。后来小虎才知道，那块海绵垫是爸爸偷偷放在树下的，但是小虎太认真爬树，根本没有注意到。

案例分析：

小虎的爸爸虽然看见了小虎的行为，但是没有马上就出去制止，而是让小虎自己去体验后果。这样一来，小虎会记得更加牢固。小虎在这一次的事情中得到了教训，对以后的行为都会有一定的警示作用。

对于父母来说，先把手中的保护线松开，让孩子自己去面对困难和挫折是至关重要的。父母不能想着任何事情都要替孩子完成，替孩子收拾残局，孩子本身要有能力去完成这些事情，去直面生活中的挑战。

孩子也能够输得起

在生活中，孩子会出现很多问题，生活中的竞争压力会随着孩子的长大而不断增加。在这个过程中，孩子难免会有输有赢。所以，作为父母要注重观察孩子的心思，让孩子赢得起，也要输得起。

很多时候，生活中会出现很多小比赛，比如两个小朋友玩儿跳棋，既然是对抗游戏，必然会有输有赢。输不起的孩子，总是会在自己输了以后气急败坏，或者是和小伙伴争吵，或者直接把比赛毁掉。这样的孩子就是典型的输不起，这是一种争强好胜的表现，也是不能正视失败，害怕失败的表现。在这样的情况下，父母要加以引导，这不仅仅是为了塑造孩子的性格，更是为了让孩子健康成长。

小易是一个争强好胜的小男孩，凡事都喜欢跟人比一比。有一次，小易和皓然在楼下骑自行车，小易只会蹬半圈，皓然能蹬整圈，小易说他蹬半圈快，皓然说他蹬整圈快，两个人较起劲来，嚷嚷着要较量一番。小易把爸爸请来当裁判，结果蹬半圈的小易虽然很努力，但是还是比不过蹬整圈的皓然。小易输了比赛，哭着来找爸爸，爸爸没有责怪他，反而拿出两根雪糕，给他们一人一根，然后对小易说："都是男子汉，不怕输。"

然后爸爸继续说道："跟人比赛，重要的不是结果，而是在比赛的过程中你学到了什么。你知道今天为什么会输吗？"

小易想了想说道："因为我蹬半圈，皓然蹬整圈。"爸爸接着说道："那如果你想赢皓然该怎么办呢？"小易仰头说道："我也要蹬整圈。"说完，小易拉着爸爸开始学如何蹬整圈，不一会儿就学会了。

案例分析：

小易输掉比赛的时候，爸爸的话起了很大的作用，爸爸告诉他要输得起，比赛的输赢并不是那么重要，而是要在比赛中积累经验。之后爸爸还给小易分析了输掉比赛的原因，而小易也学会了蹬整圈。

当孩子能够正确认识到失败时，也就不再因为害怕失败而产生逃避心理。这样的孩子才会输得起，当孩子知道失败并不能说明自己没用，失败不仅不是一件坏事，反倒是一件好事，因为唯有失败才能暴露出自己的不足，让自己不断进步。

经历挫折并非坏事

让孩子经历一些挫折实际上并非什么坏事，在挫折的锻炼中，孩子的各种能力都会得到提高。挫折一开始对于孩子来说，是很难接受的，但是却也是让他们能够成长的。

孩子在慢慢地长大，等他们需要单独去面对社会的时候，他们就能体会到之前在挫折中获取的力量。总而言之，磨难也会成为一种动力，推着孩子不断前进。

正面管教

适当经历挫折的孩子，才会在挫折中成长。为人父母，要让孩子在挫折中不断进步，更要让孩子理解挫折存在的意义。父母是爱孩子的，为了更好地爱孩子，要让孩子在挫折中成长。让孩子经历风雨，才能使其见到更好的自己。